Berges Institute prese

MW00904299

THE GRAF METHOD FOR SPANISH LANGUAGE

Vol. 4
Object Pronouns, Future Tense and Verb *Haber*

Dan Berges
Vanessa Montilla

Repaso: presente, pretérito perfecto, presente progresivo, pretérito imperfecto y futuro (con el verbo *ir*) ● Transitividad verbal, el objeto directo, el objeto indirecto y sus pronombres ● Verbos *decir* y *dar* ● El futuro ● Preposiciones y adverbios importantes ● Los tiempos compuestos ● El participio ● Participios irregulares ● Combinando tiempos ● Verbos *preguntar* y *pedir* ● Conjugaciones de verbos importantes ● Cuentos adaptados: El cura de Santiago y Don Illán, el mago de Toledo, de Don Juan Manuel; El flautista de Hamelin (tradicional); Los pasteles y el diente, de Juan de Timoneda; La almohada de plumas, de Horacio Quiroga.

Dan Berges & Vanessa Montilla
The Graf Method for Spanish Language

© 2017, Dan Berges & Vanessa Montilla

Version: 2017.2.1
Published by Berges Licensing, Inc

ALL RIGHTS RESERVED. This book contains material protected under International and Federal Copyright
Laws and Treaties. Any unauthorized reprint or use of this material is prohibited. No part of this book may be
reproduced or transmitted in any form or by any means, electronic or mechanical, including photocopying,
recording, or by any information storage and retrieval system without express written permission from the
author/publisher.

The Graf Method for Spanish Language

The Graf Method is a logic-backed, grammar-based, speaking-focused approach that will have you speaking grammatically correct Spanish faster than any other method.

Serious language students who travel to a country where they speak the new language often conclude the same thing: "I can understand most of what people say to me, but I still find it difficult to get my point across." There's a reason for that: deducing meaning using contextual clues is much easier than creating sentences off the top of your head.

Be Able to Speak

The Graf Method is based on the Grammar-Translation method, a system that scholars have been using for centuries to study Latin and Ancient Greek. The modern addition is that it emphasizes spoken language. New concepts are gradually incorporated, and everything is practiced through conversation.

A Simplified Set of Tools

Unlike the vocabulary or total-immersion methods of language training, the Graf Method teaches you how a language works and provides you with a simplified set of tools that will allow you to hold full conversations in a relatively short period of time. At the end of the five courses, you will have developed extremely solid conversational and translational skills.

CONTENTS

UNIT 1

Repaso: presente, pretérito perfecto, presente progresivo, pretérito imperfecto y futuro (con el verbo *ir*)

UNIT 2

Transitividad verbal, el objeto directo, el objeto indirecto y sus pronombres • Verbos *decir* y *dar*

UNIT 3

El futuro • Preposiciones y adverbios importantes

UNIT 4

Los tiempos compuestos • El participio • Participios irregulares • Combinando tiempos

UNIT 5

Verbos *preguntar* y *pedir*

UNIT 6

Conjugaciones de verbos importantes

CUENTOS ADAPTADOS

THE COMPLETE GRAF METHOD FOR SPANISH LANGUAGE

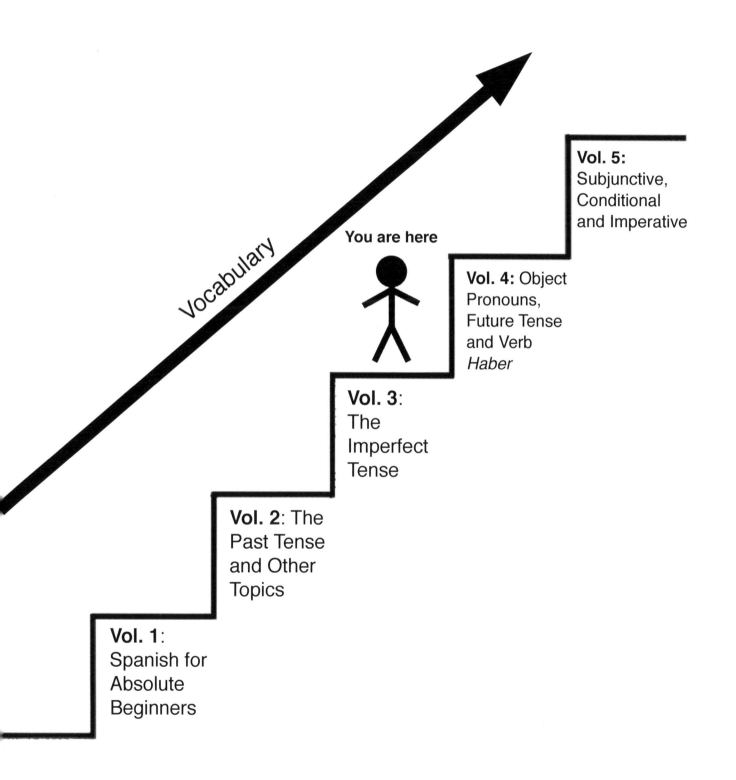

Vocabulary

You are here

Vol. 5: Subjunctive, Conditional and Imperative

Vol. 4: Object Pronouns, Future Tense and Verb *Haber*

Vol. 3: The Imperfect Tense

Vol. 2: The Past Tense and Other Topics

Vol. 1: Spanish for Absolute Beginners

UNIT 1

Repaso de conceptos básicos

PRESENTE

Usamos el **presente** para hábitos o hechos:

Los martes voy al gimnasio.
Siempre cocino los jueves.
Mi hermana toca la guitarra.
Mi tío es de California.

Aquí tenemos algunas expresiones temporales que típicamente usamos con el presente:

Normalmente
Siempre
A veces
Nunca
Cada día
Casi cada día
Cada martes

CONVERSACIÓN

PALOMA: Hola Alfonso. Tú tienes dos hermanos, ¿correcto?
ALFONSO: Hola Paloma, es correcto. Un hermano se llama Juan y el otro se llama Mario. Viven en Medellín, en Colombia. Juan trabaja en una escuela —es profesor— y Mario está estudiando ciencias políticas. Quiere ser político. Tú tienes una hermana, ¿es correcto?
P: Sí, es correcto. Mi hermana se llama Ana, y vive en Buenos Aires, en Argentina. Tiene dos hijos, uno de ellos tiene ocho años y el otro tiene diez. Es abogada, y trabaja en una oficina en el centro de la ciudad.
A: ¿Ves mucho a tu hermana?
P: No mucho, voy a Buenos Aires una vez al año, normalmente. Vivo un poco lejos, entonces no puedo verla cada mes.
A: ¿Y tú dónde trabajas?
P: Yo soy economista, y trabajo en la universidad. Además (in addition), escribo y publico libros sobre economía y finanzas.
A: Muy interesante.

© Dan Berges & Vanessa Montilla, 2017

PRETÉRITO PERFECTO

Usamos el **pretérito perfecto** para narrar acciones específicas en el pasado.

Ayer cené en un restaurante.
El lunes por la noche fui a un concierto.
El catorce de junio de dos mil doce compré una casa.

Aquí tenemos algunas expresiones temporales que típicamente usamos con el pretérito perfecto:

Ayer
El martes pasado
El martes (omitiendo *pasado*)
El viernes por la noche
El diecisiete de marzo

CONVERSACIÓN

ALFREDO: Hola Verónica. ¿Cómo fue tu semana?
VERÓNICA: Fue muy bien. El lunes trabajé, pero desde el martes hasta ayer tuve vacaciones. Estuve en Los Angeles toda la semana.
A: Suena interesante. ¿Qué hiciste en Los Angeles?
V: Hice muchas cosas diferentes. El martes por la noche fui a un restaurante en Sunset Boulevard. El miércoles por la mañana tomé un tren a Oxnard, y estuve allí todo el día. Por la noche volví a la ciudad, y fui a un concierto en Santa Monica. El jueves fui a la playa. El viernes visité a mi amiga Mary en Hollywood, y ayer volví a Washington DC. ¿Tú qué hiciste?
A: Yo estuve aquí, en DC, toda la semana. Trabajé de lunes a viernes, pero por las noches hice muchas cosas, también: el lunes fui a un restaurante

vegetariano nuevo en el centro. El martes estuve en casa, y miré una película. El miércoles fui a cenar con mi amigo David. El jueves tuve un evento en mi trabajo, y estuve allí hasta muy tarde. El viernes fui a un concierto de Norah Jones en el Club 9:30. Ayer no hice nada, pero esta mañana desayuné en un restaurante con mi amiga Ann.

© Dan Berges & Vanessa Montilla, 2017

PRESENTE PROGRESIVO

Para las acciones que están sucediendo en este momento, usamos los verbos en **gerundio** precedidos por el verbo *estar*, conjugado.

Para construir el gerundio, en español, añadimos:

-ando a la raíz de los verbos -AR

Yo estoy hablando. Pedro está visitando a su hermana.

-iendo a la raíz de los verbos -ER, -IR

Nosotros estamos comiendo. Usted está abriendo la puerta.

"Hank está cantando"

Expresiones temporales típicas:

Ahora
Hoy

CONVERSACIÓN

JAMES: Lee, ¿qué está haciendo ahora tu hermano Antonio?

LEE: Mi hermano Antonio está estudiando y trabajando en Baltimore. No está ganando mucho dinero en su trabajo, pero le gusta su universidad. ¿Qué está haciendo tu hermana Eliza?

J: Eliza está viviendo en Vermont, con su esposo. Está trabajando en una oficina de abogados, y está bastante (quite) bien, en general.

PRETÉRITO IMPERFECTO

Usamos el **pretérito imperfecto** para expresar un pasado habitual o descriptivo. Estos son los usos más típicos:

Hábito:

Antes yo siempre estudiaba mucho.
En la universidad, me levantaba a las 8 de la mañana cada día.

Descripción:

En la fiesta, la gente bailaba y se divertía.
Había mucha gente en la tienda.
Estabas muy hermosa aquella noche.

Sentimientos (con el verbo *estar*):

No fui porque estaba muy cansado.
Vi a Sara el otro día. Estaba un poco triste.

CONVERSACIÓN

EDUARDO: Nuria, ¿dónde vivías antes de vivir en Seattle?
NURIA: Vivía en Portland, en Oregon. Me gustaba mucho.
E: ¿Qué hacías en Portland?
N: Tenía una tienda de ropa, y trabajaba allí.
E: ¿Vivías tú sola, o vivías con compañeros de cuarto?
N: Vivía con mi novio Luis. Él trabajaba en una cafetería muy cerca de nuestra casa.
E: ¿Era muy caro, tener un apartamento en Portland?
N: No era barato, pero pienso que Seattle es más caro. ¿Dónde vivías tú antes, Eduardo?
E: Yo vivía en Nueva York, y era carísimo. Vivía yo solo en un estudio, y pagaba más de dos mil dólares al mes. Era ridículo.
N: Es mucho. ¿Qué hacías en Nueva York?
E: Trabajaba para una firma financiera.
N: ¿Por qué te fuiste de Nueva York?
E: No sé, supongo que quería un cambio.
N: Ya veo*.

* I see

© Dan Berges & Vanessa Montilla, 2017

FUTURO (con el verbo *ir*)

Usamos el **futuro** para expresar acciones futuras. Como sabemos, podemos construir el futuro usando la siguiente fórmula:

[Verbo *ir*, conjugado] + *a* **+ [Verbo de acción]**

Voy a mirar la televisión. Juan va a ir a la cena. Nosotros vamos a estudiar para el examen.

Aquí tenemos algunas expresiones temporales que típicamente usamos con el futuro:

Mañana
Esta noche
Hoy (más tarde)
El martes próximo
El martes que viene

CONVERSACIÓN

JOHN: Hola Angie. ¿Qué vas a hacer el fin de semana que viene?

ANGIE: Hola John. El viernes, después del trabajo, voy a ir al aeropuerto directamente para tomar un avión a Texas. Voy a visitar a mi tío, que vive en Fort Worth. ¿Tú qué vas a hacer?

J: Yo voy a quedarme (to stay) en la ciudad. El viernes, probablemente voy a ir a un restaurante con Mike y Sara, dos de mis compañeros de trabajo, y el sábado por la mañana voy a ir a una clase de yoga. ¿Qué actividades vas a hacer en Texas?

A: El sábado por la mañana voy a ir a desayunar con mi tío, y voy a estar con él todo el día. Por la noche voy a manejar a Dallas, quiero ver a mis amigos Adrián y Jimmy, que viven allá. Probablemente vamos a caminar por la ciudad por un rato (a while) y, más tarde, vamos a ir a cenar al nuevo restaurante de Stephan Pyles, la gente dice (people say) que es muy bueno. ¿Qué vas a hacer tú el sábado por la noche?

J: El sábado por la noche voy a ir a un evento de ping pong en el centro; va a ser divertido. Un sábado al mes, varios amigos nos juntamos (get together) para jugar al ping pong en un club. Después de jugar, probablemente vamos a ir a cenar a un restaurante italiano que hay muy cerca de allí. ¿A qué hora vas a volver a la ciudad el domingo?

A: Mi avión aterriza (lands) a las siete de la tarde.*

---

* Igual que en inglés, es común en español usar el presente con valor de futuro. *María llega a las siete* (mañana). *Juan está aquí desde el martes hasta el domingo* (próximos). Hacemos esto, tanto en inglés como en español, cuando queremos enfatizar la información más que la acción. (*The restaurant opens at 7* [tonight]; *My train leaves at 6 pm.*)

© Dan Berges & Vanessa Montilla, 2017

UNIT 2

EL OBJETO DIRECTO Y EL OBJETO INDIRECTO

¿Qué es la transitividad verbal?

La transitividad es una característica que permite a ciertos verbos tener un objeto gramatical (una persona o una cosa que recibe la acción del verbo). El verbo *ir*, por ejemplo, no tiene esta característica: no puedo *ir una manzana*, no puedo *ir a Juan*. El verbo *amar*, en cambio, necesita un objeto. Decir *yo amo* es incompleto, necesitamos amar una cosa (*yo amo mi carro*) o a una persona (*yo amo a María*). Estos ejemplos son muy claros, pero hay verbos que pueden actuar de manera transitiva e intransitiva, dependiendo del significado: podemos decir *estoy comiendo*, y también podemos decir *estoy comiendo pasta;* en las dos versiones, la oración (the sentence) tiene un significado completo.

"Yo amo mi carro.
Yo lo amo".

© Dan Berges & Vanessa Montilla, 2017

UNIT 2

Vamos a dividir los verbos en tres categorías: **verbos que [normalmente] no aceptan objeto; verbos que aceptan objeto directo; y verbos que aceptan objeto directo y objeto indirecto.**

1. Verbos que [normalmente] no aceptan objeto (se llaman verbos intransitivos). Ejemplos: *dormir* (to sleep), *escapar* (to escape) o *ir* (to go).

No podemos "dormir una manzana", "escapar una manzana" o "ir una manzana". Cuando decimos *yo duermo* la frase tiene un sentido completo, no necesitamos un objeto recibiendo la acción.

Aquí tenemos una pequeña lista de verbos intransitivos:

Verbo:	En Inglés:	Ejemplo:
Caminar	To walk	*Camino en el parque cada día.*
Correr*	To run	*Yo corro mucho.*
Dormir	To sleep	*Duermo muy poco.*
Escapar	To escape	*Escapó de la prisión.*
Ir	To go	*¿Vas a ir mañana?*
Ladrar	To bark	*El perro está ladrando.*
Llegar	To arrive	*Siempre llego tarde.*
Nacer	To be born	*Nací en Madrid, en 1984.*
Nadar	To swim	*Nado en el gimnasio.*
Respirar**	To breathe	*Yo respiro.*
Sonar	To sound	*Suena bien.*
Trabajar	To work	*Trabajo en una oficina.*
Viajar	To travel	*Siempre viajo solo.*

* Se puede usar como transitivo en algunos casos: *Juan corrió el Maratón de Boston.*
** Se puede usar como transitivo: *Respiramos aire.*

2. Verbos que aceptan objeto directo (se llaman verbos transitivos). Ejemplos: *tener* (to have) o *comprar* (to buy).

Podemos decir *yo compro una manzana* (I buy an apple) o *yo tengo una manzana* (I have an apple). La manzana **recibe** la acción del verbo. Los objetos directos pueden ser **cosas o personas.**

Aquí tenemos algunos verbos que normalmente van con un **objeto directo de cosa** —aunque algunos pueden funcionar bien sin objeto o tener, además, objeto indirecto (ver siguiente página)—:

Verbo:	En Inglés:	Ejemplo:	Comentario:
Beber	To drink	*Bebo agua.*	Podemos usar *beber* de manera intransitiva, y tiene un sentido completo: *Bebió mucho.*
Comer	To eat	*Como una manzana.*	Podemos usar *comer* de manera intransitiva, y tiene un sentido completo: *Comía en el restaurante.*
Comprar	To buy	*Compré una casa.*	Este verbo es muy versátil: puede usarse de manera intransitiva (*compro mucho*), con objeto directo (*compré una casa*) o con objeto directo+objeto indirecto (*compré una flor a Laura*).
Lavar	To wash	*Lavo mi ropa.*	El verbo *lavar* necesita un objeto. No podemos decir *yo lavo mucho.*
Limpiar	To clean	*Limpié mi apartamento.*	El verbo *limpiar* puede actuar como un verbo intransitivo: *Este fin de semana voy a limpiar mucho.*
Llevar	To wear/ to carry/ to take	*Llevaba una camisa blanca.*	El verbo *llevar* siempre necesita un objeto.

Hay muchísimos verbos en esta categoría: *tener, escribir, recibir, alquilar, leer, olvidar, encontrar, perder, devolver, tomar, abrir, cerrar, cocinar...*

Nota 1: cuando buscas un verbo en un diccionario, vas a ver que, al lado de la palabra, pone algo así como *vtr, tr, vi* o *it*. Esto se refiere, obviamente, a la transitividad del verbo.

Nota 2: en gramática, cuando nos referimos a un objeto inanimado, es común utilizar el término *cosa* en su lugar, reservando el término *objeto* para objetos gramaticales (directos o indirectos).

© Dan Berges & Vanessa Montilla, 2017

Y aquí tenemos algunos verbos que normalmente van con un **objeto directo de persona** — aunque algunos pueden funcionar bien sin objeto o tener objeto directo de cosa—:

Verbo:	En Inglés:	Ejemplo:	Comentario:
Amar	To love	*Amo a María.*	Podemos usarlo con cosas: *Amo mi computadora.*
Ayudar	To help	*Ayudé a esa mujer.*	Siempre requiere un objeto.
Conocer	To know	*Conozco a tu hermano.*	Podemos usarlo con cosas: *No conozco esa película.*
Llamar	To call	*Llamo a María.*	Siempre necesita objeto.
Mirar	To watch/ to look at	*Miré al hombre.*	Podemos usarlo con cosas: *¿Miraste el programa de televisión?*
Odiar	To hate	*Odio a Javier.*	Podemos usarlo con cosas: *Odio ese libro.*
Pasear	To walk (transitive)	*Paseo a mi perro*.*	El verbo *caminar* es intransitivo, pero el verbo *pasear* es transitivo.
Visitar	To visit	*Visito a Juan en New Jersey.*	Podemos usarlo con cosas: *Visité la catedral.*

* Los animales domésticos son personas gramaticalmente hablando.

3. Verbos que aceptan objeto directo y objeto indirecto. Ejemplos: *explicar* (to explain), *regalar* (to give [something as a present]).

Estos verbos aceptan un segundo objeto que recibe la acción del verbo indirectamente:

Yo explico el problema a Sara (I explain the problem to Sara). El problema recibe la acción del verbo directamente, y Sara la recibe indirectamente.

Yo regalo una manzana a Pedro (I give Pedro an apple [lit. I give an apple to Pedro]). La manzana recibe la acción directamente, y Pedro la recibe indirectamente.

Con estos verbos, generalmente **el objeto directo es una cosa y el objeto indirecto es una persona** (a thing [objeto directo] to a person [objeto indirecto]).

UNIT 2

Aquí tenemos algunos verbos que normalmente tienen objeto directo **y objeto indirecto** [a thing **to a person**]. (Algunos de ellos pueden actuar como verbos con objeto directo solamente, o como verbos intransitivos).

Verbo:	En Inglés:	Ejemplo:	Comentario:
Contar	To tell	*Conté la historia a Luisa.*	Podemos usarlo con objeto directo solamente: *Mario contó la historia,* pero en este caso tenemos un objeto indirecto omitido, [*a las personas que estaban allí*].
Enseñar	To teach	*Enseño la lección a la clase.*	Podemos usarlo con objeto directo solamente: *Yo enseño matemáticas en un colegio,* pero en este caso tenemos un objeto indirecto omitido, [*a los estudiantes*].
Enviar	To send	*Envío la carta a Mateo.*	Normalmente requiere dos objetos, enviamos algo a alguien, cosas a personas.
Explicar	To explain	*Explico el problema a María.*	Lo mismo que con *enviar*.
Mostrar (stem changing)	To show	*Muestro el mapa a Julia.*	IDEM (the same)
Regalar	To give (as a present)	*Regalo una flor a Marisa.*	IDEM
Dar*	To give	*Da una manzana a Javier.*	IDEM
Decir*	To say	*Decía unas palabras a Sandra cada noche.*	IDEM
Preguntar*	To ask	*Preguntó una pregunta a Silvia.*	Podemos usarlo con objeto directo solamente: *Yo pregunto muchas preguntas,* pero en este caso tenemos un objeto indirecto omitido, [*a la gente*].
Pedir*	To ask for/to request	*Pedía un vaso de agua a Laura.*	Podemos usarlo con objeto directo solamente: *Yo pido muchos favores,* pero en este caso tenemos un objeto indirecto omitido, [*a la gente*].

* Vamos a ver la conjugación y uso de estos verbos más adelante.

© Dan Berges & Vanessa Montilla, 2017

EXTRAS

En una oración (sentence) podemos tener "extras", secciones que no son parte de la oración principal, sino que nos dan información adicional sobre las circunstancias. En español, estos "extras" se llaman *complementos circunstanciales*. En inglés, se llaman *adjuncts*. **Es importante no confundir estos "extras" con el objeto directo o indirecto.** Estos son los más típicos:

1. **De lugar.** Responde a "dónde".

   *Cociné la cena **en mi casa.***
   *Visité a María **en Nueva Jersey.***

2. **De tiempo.** Responde a "cuándo".

   *Cociné la cena **ayer a las nueve de la noche.***
   *Visité a María **el sábado pasado.***

3. **De modo.** Responde a "cómo".

   *Cociné la cena **rápidamente.***
   *Entré a la casa **tratando de no hacer mucho ruido.***

4. **De cantidad.** Responde a "cuánto".

   *Cociné **mucho.***
   *Juan trabaja **muy poco.***

5. **De finalidad** (con *para*) o **de causa** (con *por*):

   *Compré un boleto **para ir a Maine.***
   *Llegué tarde **por el tráfico.***

"Jane come pollo los viernes, alegremente, en su casa".

PRONOMBRES DE OBJETO DIRECTO (OD)

Los objetos directos pueden ser cosas o personas. Estos son los pronombres:

ME	NOS
TE	[OS]
LO/LA	LOS/LAS

Ejemplos (Juan is the one performing the action in all examples). Verbo: *visitar* (to visit):

Sin pronombre de OD:	Con pronombre de OD:
Juan visita a mí	Juan **me** visita
Juan visita a ti	Juan **te** visita
Juan visita a él	Juan **lo** visita
Juan visita a ella	Juan **la** visita
Juan visita a nosotros	Juan **nos** visita
Juan visita a ellos	Juan **los** visita
Juan visita a ellas	Juan **las** visita

Otros ejemplos:

*Yo tengo un libro. Yo **lo** tengo.* (I have a book. I have it.)
*Yo miro a Sara. Yo **la** miro.* (I look at Sara. I look at her.)
*Yo compro una casa. Yo **la** compro.* (I buy a house. I buy it.)
Yo llamo a ti. Yo **te** llamo.* (I call you.)
*Tú llamas a nosotros. Tú **nos** llamas.* (You call us.)

*Nota 1: Cuando no mencionamos a la persona (a Juan, a mi primo, etc.) siempre preferimos usar el pronombre de OD, y no el pronombre de objeto de preposición (*a mí, a ti, a él,* etc.). Decimos: *Yo te llamo.* No decimos: *Yo llamo a ti.*
Nota 2: La RAE acepta el uso de *le* como pronombre de objeto directo para persona de sexo masculino: *Juan le llama.* No recomendamos usar esta forma. Es más fácil usar *lo/la* para OD y reservar *le* para OI (ver página siguiente).

UNIT 2

PRONOMBRES DE OBJETO INDIRECTO (OI)

Los objetos indirectos normalmente son personas. Estos son los pronombres:

ME	NOS
TE	[OS]
LE	LES

Ejemplos (Juan is the one performing the action in all examples; *un libro* es el objeto directo). Verbo: *regalar* (to give as a present):

Sin pronombre de OI:	Con pronombre de OI:
Juan regala un libro a mí	Juan **me** regala un libro
Juan regala un libro a ti	Juan **te** regala un libro
Juan regala un libro a él/ella	Juan **le** regala un libro
Juan regala un libro a nosotros	Juan **nos** regala un libro
Juan regala un libro a ellos/ellas	Juan **les** regala un libro

Otros ejemplos:

*Juan compra un carro rojo a Laura. Juan **le** compra un carro rojo.*
(Juan buys Laura a red car. Juan buys her a red car.) OD: un carro rojo. OI: Laura.

*Yo cuento una historia a mi hermana. Yo **le** cuento una historia.*
(I tell my sister a story. I tell her a story.) OD: una historia. OI: mi hermana.

*Nosotros explicamos la lección a ellos. Nosotros **les** explicamos la lección.*
(We explain the lesson to them.) OD: la lección. OI: ellos.

Nota 1: Cuando no mencionamos a la persona (a Juan, a mi primo, etc.) siempre preferimos usar el pronombre de OI, y no el pronombre de objeto de preposición (*a mí, a ti, a él,* etc.). Decimos: *Yo te regalo un carro.* No decimos: *Yo regalo un carro a ti.*
Nota 2: A veces usamos en la misma oración el objeto indirecto y el pronombre de objeto indirecto. No es incorrecto, y es muy común hacerlo, aunque no es necesario: *Le regalé una rosa **a María**. (Le* y *María* son lo mismo).

© Dan Berges & Vanessa Montilla, 2017

PRONOMBRE DOBLE

En las oraciones con objeto indirecto, muchas veces usamos pronombre doble (usamos el pronombre de objeto directo y también el de objeto indirecto). En este caso tenemos dos reglas:

1. El pronombre de OI (la persona) siempre va primero.
2. En la tercera persona, sustituimos LE/LES por SE.

Los pronombres de OI, cuando usamos pronombre doble, son:

ME	NOS
TE	[OS]
SE	SE

Sin pronombre de OD u OI:	Con pronombre de OI:	Con pronombre doble:
Juan regala un libro a mí	Juan **me** regala un libro	Juan **me lo** regala
Juan regala un libro a ti	Juan **te** regala un libro	Juan **te lo** regala
Juan regala un libro a él/ella	Juan **le** regala un libro	Juan **se lo** regala
Juan regala un libro a nosotros	Juan **nos** regala un libro	Juan **nos lo** regala
Juan regala un libro a ellos/ellas	Juan **les** regala un libro	Juan **se lo** regala

Ejemplos:

*Juan compra un carro rojo a Laura. Juan **le** compra un carro rojo. Juan **se lo** compra.*
(Juan buys Laura a red car. Juan buys her a red car. Juan buys it to her.) OD: un carro rojo. OI: Laura.

*Yo cuento una historia a mi hermana. Yo **le** cuento una historia. Yo **se la** cuento.*
(I tell my sister a story. I tell her a story. I tell it to her.) OD: una historia. OI: mi hermana.

*Nosotros explicamos la lección a ellos. Nosotros **les** explicamos la lección. Nosotros **se la** explicamos.*
(Lit. We explain the lesson to them. "We explain them the lesson." We explain it to them.) OD: la lección. OI: ellos.

© Dan Berges & Vanessa Montilla, 2017

PRONOMBRES REFLEXIVOS

Los pronombres reflexivos son:

ME	NOS
TE	[OS]
SE	SE

En los pronombres reflexivos, el sujeto y el objeto siempre son la misma persona. Pueden ser OD u OI, pero no nos importa. El pronombre nunca cambia:

Juan se mira en el espejo.
(Juan looks at himself in the mirror.) Sujeto: Juan. OD: Juan.

Juan se compra 5 libros por Navidad.
(Juan buys himself 5 books for Christmas.) Sujeto: Juan. OD: 5 libros. OI: Juan.

VERBOS EN INFINITIVO Y GERUNDIO

Tenemos dos opciones (con todos los pronombres: OD, OI o reflexivos):

1. Podemos poner el pronombre **antes** del verbo o de los verbos:

Yo no te puedo llamar. (I cannot call you.)
Él se lo quiere regalar. (He wants to give it to him.)
Nosotros lo estamos comprando. (We are buying it.)

2. Podemos poner el pronombre **al final**, unido al último verbo:

Yo no puedo llamarte.
Él quiere regalárselo.
Nosotros estamos comprándolo.

VERBOS *DECIR* Y *DAR*

DECIR (to say/to tell). Admite objeto directo e indirecto.

Presente	P. Perfecto	P. Imperfecto (regular)
Digo	Dije	Decía
Dices	Dijiste	Decías
Dice	Dijo	Decía
Decimos	Dijimos	Decíamos
[Decís]	[Dijisteis]	[Decíais]
Dicen	Dijeron	Decían

Él lo dijo. (He said it.)
Él se lo dijo. (He told him [something] [lit. "He said/told it to him"].)
Yo te dije que tenía una casa grande. (I told you/said to you [that] I had a big house.)

DAR (to give). Casi siempre tiene objeto directo y objeto indirecto (you give things [OD] to people [OI]).

Presente	P. Perfecto	P. Imperfecto (regular)
Doy	Di	Daba
Das	Diste	Dabas
Da	Dio	Daba
Damos	Dimos	Dábamos
[Dais]	[Disteis]	[Dabais]
Dan	Dieron	Daban

Yo te doy el libro. Yo te lo doy. (I give you the book. I give it to you.)
Tú le das el libro. Tú se lo das. (You give him the book. You give it to him.)
Él me dio las llaves. Él me las dio. (He gave me the keys. He gave them to me.)

© Dan Berges & Vanessa Montilla, 2017

UNIT 3

FUTURO

CANTAR	COMER	ABRIR
Cantar**é**	Comer**é**	Abrir**é**
Cantar**ás**	Comer**ás**	Abrir**ás**
Cantar**á**	Comer**á**	Abrir**á**
Cantar**emos**	Comer**emos**	Abrir**emos**
[Cantar**éis**]	[Comer**éis**]	[Abrir**éis**]
Cantar**án**	Comer**án**	Abrir**án**

En el futuro los sufijos son iguales para los tres tipos de verbos, pero hay una diferencia respecto a los tiempos presentes y pasados: los añadimos **al infinitivo del verbo** (mantenemos -ar, -er, -ir, respectivamente).

Mañana yo comeré en casa de mi madre. (Tomorrow, I'm going to eat at my mother's house.)
El año que viene yo viajaré a Japón. (Next year, I will travel to Japan.)
El domingo me levantaré muy tarde (On Sunday, I'm going to wake up very late.)

El tiempo futuro tiene el mismo significado que la construcción *ir* + infinitivo*:

Mañana yo voy a comer en casa de mi madre.
El año que viene yo voy a viajar a Japón.
El domingo me voy a levantar muy tarde.

***Nota:** En realidad hay una pequeña diferencia cognitiva (*ir a* suena un poco más cercano y probable que el tiempo futuro), pero en la práctica tienen un valor temporal virtualmente idéntico.*

"Mañana me voy a levantar muy tarde. El lunes, me levantaré temprano".

© Dan Berges & Vanessa Montilla, 2017

Verbos importantes, en futuro

SER (regular)	ESTAR (regular)	TENER
Seré	Estaré	Tendré
Serás	Estarás	Tendrás
Será	Estará	Tendrá
Seremos	Estaremos	Tendremos
[Seréis]	[Estaréis]	[Tendréis]
Serán	Estarán	Tendrán

IR (regular)	HACER	DECIR
Iré	Haré	Diré
Irás	Harás	Dirás
Irá	Hará	Dirá
Iremos	Haremos	Diremos
[Iréis]	[Haréis]	[Diréis]
Irán	Harán	Dirán

En mayo estaré en Francia. (In May, I'll be in France.)
Mañana seré un hombre nuevo. (Tomorrow, I'll be a new man.)
El próximo jueves haré una tarta. (Next Thursday, I'm going to make a pie.)
En el futuro, tendré una casa en la playa. (In the future, I will have a house at/by the beach.)

Siempre podemos usar la construcción *ir* + infinitivo con un significado prácticamente idéntico:

En mayo voy a estar en Francia.
Mañana voy a ser un hombre nuevo.
El próximo jueves voy a hacer una tarta.
En el futuro, voy a tener una casa en la playa.

© Dan Berges & Vanessa Montilla, 2017

LAS PREPOSICIONES

A - to
Se usa con verbos que tienen un lugar como destino: *llegar (a), ir (a), llevar una cosa (a).* También se usa antes de un objeto, cuando éste es una persona (o un animal doméstico): *Llamé a María. Pedro ama a su gato.* Cuando la preposición *a* y el artículo determinado masculino singular *el* van juntos, debemos combinarlos en la contracción *al: Voy al supermercado.*

Con/Sin - with/without

Conmigo - with me
Contigo - with you
Cuando el objeto de la preposición es la primera o la segunda persona del singular, alteramos la preposición *con* de este modo. Con el resto de personas esto no pasa: *con él, con ustedes,* etc.

De - from, of
Usamos esta preposición con el verbo *ser* para indicar origen: *Soy de Lima.* También la usamos para indicar posesión: *El perro de Juan es grande.* Cuando la preposición *de* y el artículo determinado masculino singular *el* van juntos, debemos combinarlos en la contracción *del: Ésta es la casa del hermano de Alicia.*

Desde - from/since (for space or time)
Se usa en conjunción con *hasta: Estuve allí desde la una hasta las nueve. Fui desde Boston hasta Maine en mi carro.* Podemos expresar esto mismo con *de/a,* pero tiene una connotación diferente: en *de/a,* la preposición *a* indica dirección (similar a *towards*). En *desde/hasta,* la preposición *hasta* tiene un significado de destino, espacial o temporal (similar a *all the way to* o *until*).
No se recomienda usar *de/hasta* o *desde/a,* usaremos *desde* siempre con *hasta.*

En - in, on, at
En español solamente tenemos una preposición de ubicación (location), que usamos para todos los casos. *Estoy en Chile. Estoy en Broadway. Estoy en el supermercado.*

Entre - Between/among

Hacia - towards
Usamos *hacia* para expresar dirección: *Voy hacia tu casa* significa lo mismo que *voy en dirección a tu casa.*

Hasta - to/until (for space or time)
Ver *desde.*

© Dan Berges & Vanessa Montilla, 2017

UNIT 3

Para - for/in order to

Usamos la preposición *para* para propósito, destino u objetivo:
Pedro tiene una sorpresa para Laura.
Trabajo para Google. Este pescado es para la cena.

La usamos como *in order to,* siempre con un verbo:
*Tomé el autobús a California **para visitar** a mi tío.*
*Voy al gimnasio cada día **para estar** muy fuerte.*

También la usamos para fechas de entrega (deadlines):
La tarea es para mañana.

Por - for/because of

Usamos la preposición *por* con períodos de tiempo:
Estuve allí por una semana.

También la usamos para expresar razón o causa (como *because of;* en este caso nunca va con un verbo):
*Llegué tarde **por el tráfico.***
*Cerraron **por bancarrota** (bankruptcy).*

La usamos para intercambios de dinero (o de otras cosas):
La compré por cincuenta dólares.
Cambié mi carro por una motocicleta.

La usamos para expresar ratios (como *per*):
Voy al gimnasio tres veces por semana.
El treinta por ciento de la clase no pasó el examen.

Sobre - about/on
Juan sólo habla sobre matemáticas.
Me preguntó sobre mi profesión.

Podemos usar *sobre* en lugar de *en* cuando queremos añadir la connotación de *encima de* (on top of): *El libro está en la mesa* o *el libro está sobre la mesa* son equivalentes, pero el segundo ejemplo describe con más detalle la posición física del libro.

© Dan Berges & Vanessa Montilla, 2017

RESUMEN DE ADVERBIOS IMPORTANTES

Ahora - now
Normalmente se usa con el presente progresivo: *¿Qué estás haciendo ahora? Ahora estoy cocinando.*
Podemos añadir *mismo* cuando queremos expresar *right now: Ahora mismo estoy comiendo.*

Pronto - soon
Ejemplo: *Voy a estar en Virginia muy pronto.*

Temprano - early
Tarde - late
Ejemplo: *Me levanté muy temprano y me acosté muy tarde.*

Mucho - a lot
Poco - a little
Ejemplos: *Voy al cine mucho. Cocino poco.*

Mucho y *poco* se pueden usar también como adjetivos. En este caso significan ***many/a lot of*** o ***few/not many*** (for countable nouns) o ***much/a lot of*** o ***little*** (for uncountable nouns). Recuerda que los adjetivos deben concordar en género y número con el nombre: *Miré muchas películas. Cociné pocas cosas.*

Cerca [de] - near/close/nearby
Lejos [de] - far
Cuando se usan con un nombre, deben llevar la preposición *de.* Cuando van solos, no la llevan.
¿Dónde está tu casa? Está muy cerca.
La casa de Juan está cerca de mi oficina.

Antes [de] - before
Después [de] - after
Podemos usar *antes* y *después* con nombres o con verbos. Cuando los usamos con verbos, utilizamos siempre el infinitivo.
Fui al concierto. Después del concierto, llamé a Sara.
*Cené. Después de **cenar**, miré la televisión. Después de **mirar** la televisión, me acosté*

Durante - during
No podemos usar *durante* con verbos, sólo con nombres.
Nunca hablo durante los partidos.
Durante la cena Juan explicó su idea.

© Dan Berges & Vanessa Montilla, 2017

Delante [de] - In front [of]/right before (spatially)
Detrás [de] - Behind
Cuando van con un nombre (y casi siempre van con un nombre) debemos usar la preposición *de*.
Mi casa está detrás de la estación.
La silla está delante de la mesa.

Todavía - still/yet
Todavía no sé dónde será el evento.

Sólo/solamente - only
Son sinónimos. Tradicionalmente se pone acento en *sólo* cuando es adverbio, y no se pone cuando es adjetivo (*solo* = alone). Desde hace unos años, el acento no es oficialmente necesario, pero a mucha gente le gusta usarlo.
Sólo compré verduras en el supermercado.
Solamente compré verduras en el supermercado.

Ya - already
Se usa mucho con el pretérito
pluscuamperfecto (ver Unidad 4).

"Groucho está detrás de Zeppo. Harpo está detrás de Groucho. Chico está detrás de Harpo. No hay nadie detrás de Chico".

UNIT 4

LOS TIEMPOS COMPUESTOS

El verbo **_haber:_**

Usamos este verbo para formar los tiempos compuestos con el participio pasado, igual que en inglés usamos el verbo _to have_ como verbo auxiliar, sin usarlo con su significado original de posesión (_I have an apple_):

I have + past participle _(I have been, you have taken, etc)._
(En español): _Yo he_ + participio

Los tiempos verbales equivalentes al _present perfect_ (I have + participle) y al _past perfect_ (I had + participle) se llaman en español **pretérito perfecto compuesto** y **pretérito pluscuamperfecto,** respectivamente.

Aquí tenemos un modelo, usando el verbo _manejar_ (to drive). El participio del verbo _manejar_ (_driven,_ en inglés) es _manejado_ en español. (En la página siguiente veremos cómo construir los participios en español). Para formar estos tiempos verbales, conjugamos el verbo auxiliar _haber,_ y ponemos el participio del verbo que queremos usar a continuación:

Pretérito perfecto compuesto	Pretérito pluscuamperfecto
He manejado	Había manejado
Has manejado	Habías manejado
Ha manejado	Había manejado
Hemos manejado	Habíamos manejado
[Habéis manejado]	[Habíais manejado]
Han manejado	Habían manejado

La columna de la izquierda (left) se traduce como _I have driven, you have driven,_ etc. La columna de la derecha (right) se traduce como _I had driven, you had driven,_ etc.

En español, es importante no romper (break) nunca el núcleo verbal. **No podemos poner nada entre el verbo _haber_ y el participio**. En inglés: _I have **always** driven, I have **not** driven, etc._ En español: _Yo siempre **he manejado**, yo no **he manejado**, etc._

EL PARTICIPIO

Para formar el participio en español, hacemos lo siguiente:

Verbos **-AR**:

Añadimos a la raíz el sufijo **-ado**

Cantar (to sing): *Cantado* (sung)
Terminar (to finish): *Terminado* (finished)

Verbos **-ER**, **-IR**:

Añadimos a la raíz el sufijo **-ido**

Comer (to eat): *Comido* (eaten)
Vivir (to live): *Vivido* (lived)

Ejemplos:

Yo he vivido en Nueva York por 7 años. (I have lived in New York for 7 years.)
Yo nunca he cantado en un escenario. (I have never sung on a stage.)
¿Has terminado la tarea? (Have you finished the homework?)
Son las tres y todavía no he comido. (It's three and I haven't eaten yet/I still haven't eaten.)

—"Son las diez, Isabella. ¿Has terminado la tarea de español?"
—"Todavía no, Henry, y mi clase de español es mañana por la mañana".

© Dan Berges & Vanessa Montilla, 2017

USO DE LOS TIEMPOS COMPUESTOS

El uso de los tiempos compuestos es muy similar al inglés en sus dos versiones —el pret. perf. compuesto (*yo he manejado*) equivale al *present perfect* (*I have driven*)*;* el pret. pluscuamperfecto (*yo había manejado*) equivale al *past perfect* (*I had driven*)—.

Pretérito perfecto compuesto/present perfect

Principalmente tenemos dos usos, en inglés y en español:

1. **Experiencia**:

Yo nunca he estado en Roma. (I have never been to Rome.)
Yo he visitado Madrid tres veces. (I have visited Madrid three times.)
María ha corrido tres maratones. (Maria has run three marathons.)

2. **Una acción que empezó en el pasado y continúa en el presente**:

He vivido en NYC por tres meses. (I have lived in NYC for three months.)
He estado aquí todo el día. (I have been here all day.)

Pretérito pluscuamperfecto/past perfect

Igual que en inglés, usamos los tiempos compuestos en pasado para indicar que **una acción ocurrió antes que otra**:

Cuando ellos me ofrecieron la posición yo ya había aceptado otro trabajo. (When they offered me the position I had already accepted another job.)

Cuando María llegó a la oficina yo ya había salido. (When María arrived at the office I had already left.)

Nota: En algunas regiones usamos el pretérito perfecto compuesto para indicar pasado reciente: *Esta mañana he ido al mercado*, en lugar de *esta mañana fui al mercado*. Recomendamos usar pretérito perfecto simple (*yo fui*) para el pasado reciente, reservando los tiempos compuestos para los usos específicos descritos en esta página únicamente. Es más fácil.

PARTICIPIOS IRREGULARES

Infinitivo	Participio	Traducción
Abrir	**Abierto**	Opened/open
Decir	**Dicho**	Said/told
Escribir	**Escrito**	Written
Hacer	**Hecho**	Done/made
Morir	**Muerto**	Died/dead
Poner	**Puesto**	Put
Romper	**Roto**	Broken
Ver	**Visto**	Seen
Volver	**Vuelto**	Returned/gone back

COMBINANDO TIEMPOS (combining tenses)

Igual que en inglés, en español podemos combinar tiempos compuestos con tiempos progresivos. En lugar de decir *I have driven,* cuando queremos expresar más continuidad podemos decir *I have been driving.* En este caso, estamos usando el verbo *to be* en participio (*been*). El verbo *manejar* ahora va en gerundio (*driving*). En español, podemos hacer exactamente lo mismo:

Yo he manejado. Yo he estado manejando.

Debemos recordar que los tiempos progresivos en español **se forman siempre con el verbo *estar*.**

Ejemplos:

Yo he estado comiendo por dos horas. (I have been eating for two hours.)

Yo había estado pensando en Silvia por tres horas cuando ella finalmente llamó. (I had been thinking about Silvia for three hours when she finally called.)

© Dan Berges & Vanessa Montilla, 2017

Uso del participio como adjetivo

Tanto en inglés como en español, muchos participios pueden ser usados como adjetivos:

I have taken it. (Participio)
The seat is taken. (Adjetivo)

(El verbo *to die* y el verbo *to open* cambian su forma cuando se transforman en adjetivos).

He has died. (Participio)
He is dead. (Adjetivo)

I had opened that window. (Participio)
The window was open. (Adjetivo)

En español, cuando usamos un participio como adjetivo debemos, como siempre, ajustarlo en número y género:

Yo he roto la ventana. (Participio)
La ventana está rota. (Adjetivo)
Había muchas ventanas rotas. (Adjetivo)

"El asiento está ocupado".

Futuro compuesto/future perfect

Con un uso muy similar al pluscuamperfecto, podemos construir en español un futuro compuesto (equivale al *future perfect* en inglés, *I will have* + participle). Al igual que en inglés, usamos este tiempo para indicar que **una acción en el futuro va a suceder y terminar antes que otra:**

By the time Juan gets here, I will have already finished my essay.

El problema es que la acción que sucede en segundo lugar (*by the time Juan gets here*) necesita usar el modo subjuntivo (se verá en el volumen 5) en español. Así que, por ahora, no podemos usar este tiempo de manera completa. Podemos usarlo utilizando días u horas como referencia, no teniendo un verbo en la acción que sucede más tarde:

Habré terminado mi libro antes del viernes. (I will have finished my book before Friday).

A las 7, Sara ya habrá llegado a la estación. (By 7 [lit. at 7], Sara will have already arrived at the station).

Aquí está la conjugación del futuro compuesto, para el verbo *manejar:*

Futuro compuesto

Habré manejado
Habrás manejado
Habrá manejado
Habremos manejado
[Habréis manejado]
Habrán manejado

Se traduce como *I will have driven, you will have driven,* etc.

Nota: existe un cuarto tiempo compuesto llamado **pretérito anterior** (*hube manejado, hubiste manejado, hubo manejado, hubimos manejado, hubieron manejado*). Este tiempo está en desuso. Cuando hablamos en pasado, usamos siempre el **pretérito pluscuamperfecto** que hemos estado estudiando.

Uso de los tiempos compuestos con pronombres de OD y OI

Dijimos anteriormente que no podemos romper nunca el núcleo verbal (no podemos poner nada entre el verbo *haber* y el participio). Siempre tendremos los pronombres **justo antes** del núcleo verbal:

*Juan ha dado una rosa a María. Juan **le** ha dado una rosa. Juan **se la** ha dado.*

*Alberto había visitado a su tía en Lima. Alberto **la** había visitado.*

*Nuria no ha comprado un carro. Nuria no **lo** ha comprado.*

Los tiempos compuestos no se consideran una construcción de dos verbos. No tenemos la opción de poner el pronombre al final del segundo verbo. En cambio, si combinamos tiempos compuestos con progresivos (*estar* + gerundio), sí que tenemos las dos opciones:

Juan ha estado escribiendo su libro todo el día.

Opción 1: *Juan **lo** ha estado escribiendo.*
Opción 2: *Juan ha estado escribiéndo**lo**.*

Ana había estado explicando todo a Javier.

Opción 1: *Ana **le** había estado explicando todo. Ana **se lo** había estado explicando.*
Opción 2: *Ana había estado explicándo**le** todo. Ana había estado explicándo**selo**.*

UNIT 5

PREGUNTAR Y PEDIR (to ask/to ask for)

Presente

PREGUNTAR (to ask)	PEDIR (to ask for)
Pregunto	Pido
Preguntas	Pides
Pregunta	Pide
Preguntamos	Pedimos
[Preguntáis]	[Pedís]
Preguntan	Piden

Usamos *preguntar* para **preguntas,** o para inquirir (inquire) **sobre** algo o alguien.
Usamos *pedir* para **objetos, favores o servicios**.

Los dos verbos admiten objeto indirecto:

*Yo **pregunto** una pregunta a Juan.* (I ask Juan a question.)*
*Yo le **pregunto** una pregunta.* (I ask him a question.)
*Yo se la **pregunto**.* (I ask it to him.)
*Le **pregunté** sobre su nuevo trabajo.* (I asked him about his new job.)

*Yo **pido** un favor a María.* (I ask María for a favor.)
*Yo le **pido** un favor.* (I ask her for a favor.)
*Yo se lo **pido**.* (I ask her for it.)

*Aunque esta oración es gramaticalmente correcta, debemos recordar que, cuando usamos el nombre *pregunta,* es muy común sustituir el verbo *preguntar* por el verbo *hacer,* para evitar la redundancia: *Yo hago una pregunta a Juan.*

PREGUNTAR Y PEDIR - Pretérito Perfecto

Preguntar es regular. *Pedir* es irregular.

PREGUNTAR	PEDIR
Pregunté	Pedí
Preguntaste	Pediste
Preguntó	Pidió
Preguntamos	Pedimos
[Preguntasteis]	[Pedisteis]
Preguntaron	Pidieron

Preguntar y *pedir* **son regulares en pretérito imperfecto y futuro**:

Yo te pediré las llaves mañana. (I will ask you for the keys tomorrow.)
Yo siempre te preguntaba sobre Eva. (I always used to ask you about Eva.)

IMPORTANTE: El verbo *pedir* **nunca usa preposición**. Cuando traducimos del inglés es un error muy común tratar de traducir la preposición *for* como *por* o *para*. El verbo pedir tiene un significado completo sin preposición.

*I **asked** her **for** the keys. Le **pedí** las llaves.*
*She **asked** me **for** a pen. Me **pidió** una pluma.*
*You **asked** the waiter at the bar **for** a glass of water. Le **pediste** al camarero en la barra un vaso de agua.*
*I **asked for** a sign. **Pedí** una señal.*

UNIT 6

verbos regulares (-*ar*, -*er*, -*ir*)

CANTAR (to sing)   *Par:* Cantado   *Ger:* Cantando

(Tiempos simples)

Presente	**P. Perfecto**	**P. Imperfecto**	**Futuro**
Canto	Canté	Cantaba	Cantaré
Cantas	Cantaste	Cantabas	Cantarás
Canta	Cantó	Cantaba	Cantará
Cantamos	Cantamos	Cantábamos	Cantaremos
[Cantáis]	[Cantasteis]	[Cantabais]	[Cantaréis]
Cantan	Cantaron	Cantaban	Cantarán

(Tiempos compuestos)

P. Perfecto	**P. Pluscuamperfecto**	**Futuro**
He cantado	Había cantado	Habré cantado
Has cantado	Habías cantado	Habrás cantado
Ha cantado	Había cantado	Habrá cantado
Hemos cantado	Habíamos cantado	Habremos cantado
[Habéis cantado]	[Habíais cantado]	[Habréis cantado]
Han cantado	Habían cantado	Habrán cantado

COMER (to eat)   *Par:* Comido   *Ger:* Comiendo

(Tiempos simples)

Presente	P. Perfecto	P. Imperfecto	Futuro
Como	Comí	Comía	Comeré
Comes	Comiste	Comías	Comerás
Come	Comió	Comía	Comerá
Comemos	Comimos	Comíamos	Comeremos
[Coméis]	[Comisteis]	[Comíais]	[Comeréis]
Comen	Comieron	Comían	Comerán

(Tiempos compuestos)

P. Perfecto	P. Pluscuamperfecto	Futuro
He comido	Había comido	Habré comido
Has comido	Habías comido	Habrás comido
Ha comido	Había comido	Habrá comido
Hemos comido	Habíamos comido	Habremos comido
[Habéis comido]	[Habíais comido]	[Habréis comido]
Han comido	Habían comido	Habrán comido

VIVIR (to live)   *Par:* Vivido   *Ger:* Viviendo

(Tiempos simples)

Presente	P. Perfecto	P. Imperfecto	Futuro
Vivo	Viví	Vivía	Viviré
Vives	Viviste	Vivías	Vivirás
Vive	Vivió	Vivía	Vivirá
Vivimos	Vivimos	Vivíamos	Viviremos
[Vivís]	[Vivisteis]	[Vivíais]	[Viviréis]
Viven	Vivieron	Vivían	Vivirán

(Tiempos compuestos)

P. Perfecto	P. Pluscuamperfecto	Futuro
He vivido	Había vivido	Habré vivido
Has vivido	Habías vivido	Habrás vivido
Ha vivido	Había vivido	Habrá vivido
Hemos vivido	Habíamos vivido	Habremos vivido
[Habéis vivido]	[Habíais vivido]	[Habréis vivido]
Han vivido	Habían vivido	Habrán vivido

verbos irregulares importantes

CONOCER (to know)   *Par:* Conocido   *Ger:* Conociendo

(Tiempos simples)

Presente	P. Perfecto	P. Imperfecto	Futuro
Conozco	Conocí	Conocía	Conoceré
Conoces	Conociste	Conocías	Conocerás
Conoce	Conoció	Conocía	Conocerá
Conocemos	Conocimos	Conocíamos	Conoceremos
[Conocéis]	[Conocisteis]	[Conocíais]	[Conoceréis]
Conocen	Conocieron	Conocían	Conocerán

(Tiempos compuestos)

P. Perfecto	P. Pluscuamperfecto	Futuro
He conocido	Había conocido	Habré conocido
Has conocido	Habías conocido	Habrás conocido
Ha conocido	Había conocido	Habrá conocido
Hemos conocido	Habíamos conocido	Habremos conocido
[Habéis conocido]	[Habíais conocido]	[Habréis conocido]
Han conocido	Habían conocido	Habrán conocido

DAR (to give)   *Par:* Dado   *Ger:* Dando

(Tiempos simples)

Presente	P. Perfecto	P. Imperfecto	Futuro
Doy	Di	Daba	Daré
Das	Diste	Dabas	Darás
Da	Dio	Daba	Dará
Damos	Dimos	Dábamos	Daremos
[Dais]	[Disteis]	[Dabais]	[Daréis]
Dan	Dieron	Daban	Darán

(Tiempos compuestos)

P. Perfecto	P. Pluscuamperfecto	Futuro
He dado	Había dado	Habré dado
Has dado	Habías dado	Habrás dado
Ha dado	Había dado	Habrá dado
Hemos dado	Habíamos dado	Habremos dado
[Habéis dado]	[Habíais dado]	[Habréis dado]
Han dado	Habían dado	Habrán dado

DECIR (to say)   *Par:* Dicho   *Ger:* Diciendo

(Tiempos simples)

Presente	P. Perfecto	P. Imperfecto	Futuro
Digo	Dije	Decía	Diré
Dices	Dijiste	Decías	Dirás
Dice	Dijo	Decía	Dirá
Decimos	Dijimos	Decíamos	Diremos
[Decís]	[Dijisteis]	[Decíais]	[Diréis]
Dicen	Dijeron	Decían	Dirán

(Tiempos compuestos)

P. Perfecto	P. Pluscuamperfecto	Futuro
He dicho	Había dicho	Habré dicho
Has dicho	Habías dicho	Habrás dicho
Ha dicho	Había dicho	Habrá dicho
Hemos dicho	Habíamos dicho	Habremos dicho
[Habéis dicho]	[Habíais dicho]	[Habréis dicho]
Han dicho	Habían dicho	Habrán dicho

DORMIR (to sleep)   *Par:* Dormido   *Ger:* Durmiendo

(Tiempos simples)

Presente	P. Perfecto	P. Imperfecto	Futuro
Duermo	Dormí	Dormía	Dormiré
Duermes	Dormiste	Dormías	Dormirás
Duerme	Durmió	Dormía	Dormirá
Dormimos	Dormimos	Dormíamos	Dormiremos
[Dormís]	[Dormisteis]	[Dormíais]	[Dormiréis]
Duermen	Durmieron	Dormían	Dormirán

(Tiempos compuestos)

P. Perfecto	P. Pluscuamperfecto	Futuro
He dormido	Había dormido	Habré dormido
Has dormido	Habías dormido	Habrás dormido
Ha dormido	Había dormido	Habrá dormido
Hemos dormido	Habíamos dormido	Habremos dormido
[Habéis dormido]	[Habíais dormido]	[Habréis dormido]
Han dormido	Habían dormido	Habrán dormido

ESTAR (to be)   *Par:* Estado   *Ger:* Estando

(Tiempos simples)

Presente	P. Perfecto	P. Imperfecto	Futuro
Estoy	Estuve	Estaba	Estaré
Estás	Estuviste	Estabas	Estarás
Está	Estuvo	Estaba	Estará
Estamos	Estuvimos	Estábamos	Estaremos
[Estáis]	[Estuvisteis]	[Estabais]	[Estaréis]
Están	Estuvieron	Estaban	Estarán

(Tiempos compuestos)

P. Perfecto	P. Pluscuamperfecto	Futuro
He estado	Había estado	Habré estado
Has estado	Habías estado	Habrás estado
Ha estado	Había estado	Habrá estado
Hemos estado	Habíamos estado	Habremos estado
[Habéis estado]	[Habíais estado]	[Habréis estado]
Han estado	Habían estado	Habrán estado

HACER (to do/to make)   *Par:* Hecho   *Ger:* Haciendo

(Tiempos simples)

Presente	P. Perfecto	P. Imperfecto	Futuro
Hago	Hice	Hacía	Haré
Haces	Hiciste	Hacías	Harás
Hace	Hizo	Hacía	Hará
Hacemos	Hicimos	Hacíamos	Haremos
[Hacéis]	[Hicisteis]	[Hacíais]	[Haréis]
Hacen	Hicieron	Hacían	Harán

(Tiempos compuestos)

P. Perfecto	P. Pluscuamperfecto	Futuro
He hecho	Había hecho	Habré hecho
Has hecho	Habías hecho	Habrás hecho
Ha hecho	Había hecho	Habrá hecho
Hemos hecho	Habíamos hecho	Habremos hecho
[Habéis hecho]	[Habíais hecho]	[Habréis hecho]
Han hecho	Habían hecho	Habrán hecho

IR (to go)   *Par:* Ido   *Ger:* Yendo

(Tiempos simples)

Presente	P. Perfecto	P. Imperfecto	Futuro
Voy	Fui	Iba	Iré
Vas	Fuiste	Ibas	Irás
Va	Fue	Iba	Irá
Vamos	Fuimos	Íbamos	Iremos
[Vais]	[Fuisteis]	[Ibais]	[Iréis]
Van	Fueron	Iban	Irán

(Tiempos compuestos)

P. Perfecto	P. Pluscuamperfecto	Futuro
He ido	Había ido	Habré ido
Has ido	Habías ido	Habrás ido
Ha ido	Había ido	Habrá ido
Hemos ido	Habíamos ido	Habremos ido
[Habéis ido]	[Habíais ido]	[Habréis ido]
Han ido	Habían ido	Habrán ido

LEER (to read)   *Par:* Leído   *Ger:* Leyendo

(Tiempos simples)

Presente	P. Perfecto	P. Imperfecto	Futuro
Leo	Leí	Leía	Leeré
Lees	Leíste	Leías	Leerás
Lee	Leyó	Leía	Leerá
Leemos	Leímos	Leíamos	Leeremos
[Leéis]	[Leísteis]	[Leíais]	[Leeréis]
Leen	Leyeron	Leían	Leerán

(Tiempos compuestos)

P. Perfecto	P. Pluscuamperfecto	Futuro
He leído	Había leído	Habré leído
Has leído	Habías leído	Habrás leído
Ha leído	Había leído	Habrá leído
Hemos leído	Habíamos leído	Habremos leído
[Habéis leído]	[Habíais leído]	[Habréis leído]
Han leído	Habían leído	Habrán leído

MENTIR (to lie)   *Par:* Mentido   *Ger:* Mintiendo

(Tiempos simples)

Presente	P. Perfecto	P. Imperfecto	Futuro
Miento	Mentí	Mentía	Mentiré
Mientes	Mentiste	Mentías	Mentirás
Miente	Mintió	Mentía	Mentirá
Mentimos	Mentimos	Mentíamos	Mentiremos
[Mentís]	[Mentisteis]	[Mentíais]	[Mentiréis]
Mienten	Mintieron	Mentían	Mentirán

(Tiempos compuestos)

P. Perfecto	P. Pluscuamperfecto	Futuro
He mentido	Había mentido	Habré mentido
Has mentido	Habías mentido	Habrás mentido
Ha mentido	Había mentido	Habrá mentido
Hemos mentido	Habíamos mentido	Habremos mentido
[Habéis mentido]	[Habíais mentido]	[Habréis mentido]
Han mentido	Habían mentido	Habrán mentido

MIRARSE (to look at yourself)   (from *mirar*):   Par: Mirado   *Ger:* Mirando

(Tiempos simples)

Presente	**P. Perfecto**	**P. Imperfecto**	**Futuro**
Me miro	Me miré	Me miraba	Me miraré
Te miras	Te miraste	Te mirabas	Te mirarás
Se mira	Se miró	Se miraba	Se mirará
Nos miramos	Nos miramos	Nos mirábamos	Nos miraremos
[Os miráis]	[Os mirasteis]	[Os mirabais]	[Os miraréis]
Se miran	Se miraron	Se miraban	Se mirarán

(Tiempos compuestos)

P. Perfecto	**P. Pluscuamperfecto**	**Futuro**
Me he mirado	Me había mirado	Me habré mirado
Te has mirado	Te habías mirado	Te habrás mirado
Se ha mirado	Se había mirado	Se habrá mirado
Nos hemos mirado	Nos habíamos mirado	Nos habremos mirado
[Os habéis mirado]	[Os habíais mirado]	[Os habréis mirado]
Se han mirado	Se habían mirado	Se habrán mirado

OÍR (to hear)   *Par:* Oído   *Ger:* Oyendo

(Tiempos simples)

Presente	**P. Perfecto**	**P. Imperfecto**	**Futuro**
Oigo	Oí	Oía	Oiré
Oyes	Oíste	Oías	Oirás
Oye	Oyó	Oía	Oirá
Oímos	Oímos	Oíamos	Oiremos
[Oís]	[Oísteis]	[Oíais]	[Oiréis]
Oyen	Oyeron	Oían	Oirán

(Tiempos compuestos)

P. Perfecto	**P. Pluscuamperfecto**	**Futuro**
He oído	Había oído	Habré oído
Has oído	Habías oído	Habrás oído
Ha oído	Había oído	Habrá oído
Hemos oído	Habíamos oído	Habremos oído
[Habéis oído]	[Habíais oído]	[Habréis oído]
Han oído	Habían oído	Habrán oído

PEDIR (to ask for)   *Par:* Pedido   *Ger:* Pidiendo

(Tiempos simples)

Presente	P. Perfecto	P. Imperfecto	Futuro
Pido	Pedí	Pedía	Pediré
Pides	Pediste	Pedías	Pedirás
Pide	Pidió	Pedía	Pedirá
Pedimos	Pedimos	Pedíamos	Pediremos
[Pedís]	[Pedisteis]	[Pedíais]	[Pediréis]
Piden	Pidieron	Pedían	Pedirán

(Tiempos compuestos)

P. Perfecto	P. Pluscuamperfecto	Futuro
He pedido	Había pedido	Habré pedido
Has pedido	Habías pedido	Habrás pedido
Ha pedido	Había pedido	Habrá pedido
Hemos pedido	Habíamos pedido	Habremos pedido
[Habéis pedido]	[Habíais pedido]	[Habréis pedido]
Han pedido	Habían pedido	Habrán pedido

PENSAR (to think)   *Par:* Pensado   *Ger:* Pensando

(Tiempos simples)

Presente	P. Perfecto	P. Imperfecto	Futuro
Pienso	Pensé	Pensaba	Pensaré
Piensas	Pensaste	Pensabas	Pensarás
Piensa	Pensó	Pensaba	Pensará
Pensamos	Pensamos	Pensábamos	Pensaremos
[Pensáis]	[Pensasteis]	[Pensabais]	[Pensaréis]
Piensan	Pensaron	Pensaban	Pensarán

(Tiempos compuestos)

P. Perfecto	P. Pluscuamperfecto	Futuro
He pensado	Había pensado	Habré pensado
Has pensado	Habías pensado	Habrás pensado
Ha pensado	Había pensado	Habrá pensado
Hemos pensado	Habíamos pensado	Habremos pensado
[Habéis pensado]	[Habíais pensado]	[Habréis pensado]
Han pensado	Habían pensado	Habrán pensado

PODER (to be able to/can)   *Par:* Podido   *Ger:* Pudiendo

(Tiempos simples)

Presente	P. Perfecto	P. Imperfecto	Futuro
Puedo	Pude	Podía	Podré
Puedes	Pudiste	Podías	Podrás
Puede	Pudo	Podía	Podrá
Podemos	Pudimos	Podíamos	Podremos
[Podéis]	[Pudisteis]	[Podíais]	[Podréis]
Pueden	Pudieron	Podían	Podrán

(Tiempos compuestos)

P. Perfecto	P. Pluscuamperfecto	Futuro
He podido	Había podido	Habré podido
Has podido	Habías podido	Habrás podido
Ha podido	Había podido	Habrá podido
Hemos podido	Habíamos podido	Habremos podido
[Habéis podido]	[Habíais podido]	[Habréis podido]
Han podido	Habían podido	Habrán podido

PONER (to put)   *Par:* Puesto   *Ger:* Poniendo

(Tiempos simples)

Presente	P. Perfecto	P. Imperfecto	Futuro
Pongo	Puse	Ponía	Pondré
Pones	Pusiste	Ponías	Pondrás
Pone	Puso	Ponía	Pondrá
Ponemos	Pusimos	Poníamos	Pondremos
[Ponéis]	[Pusisteis]	[Poníais]	[Pondréis]
Ponen	Pusieron	Ponían	Pondrán

(Tiempos compuestos)

P. Perfecto	P. Pluscuamperfecto	Futuro
He puesto	Había puesto	Habré puesto
Has puesto	Habías puesto	Habrás puesto
Ha puesto	Había puesto	Habrá puesto
Hemos puesto	Habíamos puesto	Habremos puesto
[Habéis puesto]	[Habíais puesto]	[Habréis puesto]
Han puesto	Habían puesto	Habrán puesto

PREFERIR (to prefer)   *Par:* Preferido   *Ger:* Prefiriendo

(Tiempos simples)

Presente	P. Perfecto	P. Imperfecto	Futuro
Prefiero	Preferí	Prefería	Preferiré
Prefieres	Preferiste	Preferías	Preferirás
Prefiere	Prefirió	Prefería	Preferirá
Preferimos	Preferimos	Preferíamos	Preferiremos
[Preferís]	[Preferisteis]	[Preferíais]	[Preferiréis]
Prefieren	Prefirieron	Preferían	Preferirán

(Tiempos compuestos)

P. Perfecto	P. Pluscuamperfecto	Futuro
He preferido	Había preferido	Habré preferido
Has preferido	Habías preferido	Habrás preferido
Ha preferido	Había preferido	Habrá preferido
Hemos preferido	Habíamos preferido	Habremos preferido
[Habéis preferido]	[Habíais preferido]	[Habréis preferido]
Han preferido	Habían preferido	Habrán preferido

QUERER (to want)   *Par:* Querido   *Ger:* Queriendo

(Tiempos simples)

Presente	P. Perfecto	P. Imperfecto	Futuro
Quiero	Quise	Quería	Querré
Quieres	Quisiste	Querías	Querrás
Quiere	Quiso	Quería	Querrá
Queremos	Quisimos	Queríamos	Querremos
[Queréis]	[Quisisteis]	[Queríais]	[Querréis]
Quieren	Quisieron	Querían	Querrán

(Tiempos compuestos)

P. Perfecto	P. Pluscuamperfecto	Futuro
He querido	Había querido	Habré querido
Has querido	Habías querido	Habrás querido
Ha querido	Había querido	Habrá querido
Hemos querido	Habíamos querido	Habremos querido
[Habéis querido]	[Habíais querido]	[Habréis querido]
Han querido	Habían querido	Habrán querido

SABER (to know)   *Par:* Sabido   *Ger:* Sabiendo

(Tiempos simples)

Presente	P. Perfecto	P. Imperfecto	Futuro
Sé	Supe	Sabía	Sabré
Sabes	Supiste	Sabías	Sabrás
Sabe	Supo	Sabía	Sabrá
Sabemos	Supimos	Sabíamos	Sabremos
[Sabéis]	[Supisteis]	[Sabíais]	[Sabréis]
Saben	Supieron	Sabían	Sabrán

(Tiempos compuestos)

P. Perfecto	P. Pluscuamperfecto	Futuro
He sabido	Había sabido	Habré sabido
Has sabido	Habías sabido	Habrás sabido
Ha sabido	Había sabido	Habrá sabido
Hemos sabido	Habíamos sabido	Habremos sabido
[Habéis sabido]	[Habíais sabido]	[Habréis sabido]
Han sabido	Habían sabido	Habrán sabido

SENTIRSE (to feel)   (from *sentir*):   *Par:* Sentido   *Ger:* Sintiendo

---

(Tiempos simples)

Presente	P. Perfecto	P. Imperfecto	Futuro
Me siento	Me sentí	Me sentía	Me sentiré
Te sientes	Te sentiste	Te sentías	Te sentirás
Se siente	Se sintió	Se sentía	Se sentirá
Nos sentimos	Nos sentimos	Nos sentíamos	Nos sentiremos
[Os sentís]	[Os sentisteis]	[Os sentíais]	[Os sentiréis]
Se sienten	Se sintieron	Se sentían	Se sentirán

(Tiempos compuestos)

P. Perfecto	P. Pluscuamperfecto	Futuro
Me he sentido	Me había sentido	Me habré sentido
Te has sentido	Te habías sentido	Te habrás sentido
Se ha sentido	Se había sentido	Se habrá sentido
Nos hemos sentido	Nos habíamos sentido	Nos habremos sentido
[Os habéis sentido]	[Os habíais sentido]	[Os habréis sentido]
Se han sentido	Se habían sentido	Se habrán sentido

SER (to be)   *Par:* Sido   *Ger:* Siendo

(Tiempos simples)

Presente	P. Perfecto	P. Imperfecto	Futuro
Soy	Fui	Era	Seré
Eres	Fuiste	Eras	Serás
Es	Fue	Era	Será
Somos	Fuimos	Éramos	Seremos
[Sois]	[Fuisteis]	[Erais]	[Seréis]
Son	Fueron	Eran	Serán

(Tiempos compuestos)

P. Perfecto	P. Pluscuamperfecto	Futuro
He sido	Había sido	Habré sido
Has sido	Habías sido	Habrás sido
Ha sido	Había sido	Habrá sido
Hemos sido	Habíamos sido	Habremos sido
[Habéis sido]	[Habíais sido]	[Habréis sido]
Han sido	Habían sido	Habrán sido

TENER (to have)   *Par:* Tenido   *Ger:* Teniendo

(Tiempos simples)

Presente	P. Perfecto	P. Imperfecto	Futuro
Tengo	Tuve	Tenía	Tendré
Tienes	Tuviste	Tenías	Tendrás
Tiene	Tuvo	Tenía	Tendrá
Tenemos	Tuvimos	Teníamos	Tendremos
[Tenéis]	[Tuvisteis]	[Teníais]	[Tendréis]
Tienen	Tuvieron	Tenían	Tendrán

(Tiempos compuestos)

P. Perfecto	P. Pluscuamperfecto	Futuro
He tenido	Había tenido	Habré tenido
Has tenido	Habías tenido	Habrás tenido
Ha tenido	Había tenido	Habrá tenido
Hemos tenido	Habíamos tenido	Habremos tenido
[Habéis tenido]	[Habíais tenido]	[Habréis tenido]
Han tenido	Habían tenido	Habrán tenido

TRAER (to bring)   *Par:* Traído   *Ger:* Trayendo

(Tiempos simples)

Presente	P. Perfecto	P. Imperfecto	Futuro
Traigo	Traje	Traía	Traeré
Traes	Trajiste	Traías	Traerás
Trae	Trajo	Traía	Traerá
Traemos	Trajimos	Traíamos	Traeremos
[Traéis]	[Trajisteis]	[Traíais]	[Traeréis]
Traen	Trajeron	Traían	Traerán

(Tiempos compuestos)

P. Perfecto	P. Pluscuamperfecto	Futuro
He traído	Había traído	Habré traído
Has traído	Habías traído	Habrás traído
Ha traído	Había traído	Habrá traído
Hemos traído	Habíamos traído	Habremos traído
[Habéis traído]	[Habíais traído]	[Habréis traído]
Han traído	Habían traído	Habrán traído

VENIR (to come)   *Par:* Venido   *Ger:* Viniendo

(Tiempos simples)

Presente	P. Perfecto	P. Imperfecto	Futuro
Vengo	Vine	Venía	Vendré
Vienes	Viniste	Venías	Vendrás
Viene	Vino	Venía	Vendrá
Venimos	Vinimos	Veníamos	Vendremos
[Venís]	[Vinisteis]	[Veníais]	[Vendréis]
Vienen	Vinieron	Venían	Vendrán

(Tiempos compuestos)

P. Perfecto	P. Pluscuamperfecto	Futuro
He venido	Había venido	Habré venido
Has venido	Habías venido	Habrás venido
Ha venido	Había venido	Habrá venido
Hemos venido	Habíamos venido	Habremos venido
[Habéis venido]	[Habíais venido]	[Habréis venido]
Han venido	Habían venido	Habrán venido

VER (to see)   *Par:* Visto   *Ger:* Viendo

(Tiempos simples)

Presente	P. Perfecto	P. Imperfecto	Futuro
Veo	Vi	Veía	Veré
Ves	Viste	Veías	Verás
Ve	Vio	Veía	Verá
Vemos	Vimos	Veíamos	Veremos
[Veis]	[Visteis]	[Veíais]	[Veréis]
Ven	Vieron	Veían	Verán

(Tiempos compuestos)

P. Perfecto	P. Pluscuamperfecto	Futuro
He visto	Había visto	Habré visto
Has visto	Habías visto	Habrás visto
Ha visto	Había visto	Habrá visto
Hemos visto	Habíamos visto	Habremos visto
[Habéis visto]	[Habíais visto]	[Habréis visto]
Han visto	Habían visto	Habrán visto

CUENTOS
ADAPTADOS

EL CURA DE SANTIAGO Y DON ILLÁN, EL MAGO DE TOLEDO

En Santiago había un cura[1] que quería aprender magia. Don Illán, de Toledo, era el hombre que más sabía de magia en aquella época. El cura fue a Toledo para aprender magia con él. Cuando llegó a Toledo, fue a casa de don Illán. El mago[2] leía un libro en su cuarto. Cuando vio entrar al cura, don Illán fue muy educado con él. Le dijo que no quería saber los motivos de la visita hasta[3] después de comer. Le dio un cuarto y le explicó que estaba muy feliz por la visita.

Después de comer el cura explicó el motivo del viaje[4]. Él quería aprender magia con don Illán. El mago respondió:

—Yo puedo enseñarte magia. Solamente quiero un pequeño favor. Mi hijo quiere trabajar en la iglesia, ¿puedes ayudarlo?

El cura respondió que sí.

Don Illán explicó al cura que para aprender magia necesitaban estar en un lugar solitario[5] y oscuro[6]. Tenían que ir a ese lugar para empezar los estudios de magia. El mago habló a su esposa:

—¿Puedes preparar dos pollos para la cena, por favor? Pero, no los vamos a cocinar hasta más tarde. Gracias.

El cura y don Illán fueron por una escalera[7] a un cuarto muy oscuro. En este cuarto había muchos libros. Cuando hablaban de cómo empezar los estudios de magia, dos hombres entraron por la puerta y le dieron una carta al cura. La carta decía que su tío el arzobispo[8] estaba muerto. Querían nombrar[9] arzobispo al cura de Santiago. Él aceptó. Don Illán le dijo al cura, ahora arzobispo:

—Por favor, ¿puedes darle la posición de cura a mi hijo?

El nuevo arzobispo dijo:

[1] Priest

[2] Magician

[3] Until

[4] Trip

[5] Lonely

[6] Dark

[7] Stair

[8] Archbishop

[9] To appoint

—Necesito darle esta posición a mi hermano pero, en el futuro, la próxima posición va a ser para tu hijo.

El arzobispo quería continuar con los estudios de magia. Cuando iban a empezar[10] llegó otra carta para el arzobispo, diciendo que lo querían nombrar obispo[11] en Tolosa. El arzobispo aceptó. Preguntó a don Illán:

—¿Puedes venir conmigo[12] a Tolosa, para continuar mis estudios de magia?.

El mago aceptó, pero le dijo al cura:

—Por favor, esta vez, ¿puedes darle la posición de arzobispo a mi hijo?

El arzobispo, ahora obispo, respondió:

—Necesito darle esta posición a mi primo, pero la próxima posición es para tu hijo.

Cuando llegaron a Tolosa, las personas importantes los recibieron muy solemnemente. Estuvieron allí por dos años. Un día llegó un mensajero del papa[13] con una carta en la que nombraban al obispo cardenal[14]. El papa le decía que podía nombrar obispo a cualquier persona[15]. El mago pidió otra vez la posición para su hijo. El obispo, ahora cardenal, respondió:

—Esta posición es para mi sobrino, pero la siguiente es para tu hijo, seguro[16].

El cardenal añadió[17]:

—¿Puedes venir a Roma conmigo?

Don Illán no estaba muy feliz con la idea, pero finalmente aceptó, y acompañó al cardenal a Roma.

En Roma estuvieron mucho tiempo. Casi cada día el mago don Illán pedía al cardenal beneficios para su hijo, pero el cardenal siempre tenía una excusa. Finalmente el papa murió, y la iglesia nombró papa al cardenal. Don Illán le dijo:

—Ahora eres papa. No puedes tener más excusas. Me prometiste un favor para mi hijo, y ahora es el momento.

El nuevo papa respondió:

—Ahora estoy muy ocupado. En el futuro voy a tener algo para tu hijo, seguro.

Don Illán habló al papa de sus promesas en el pasado. Le dijo que ya no podía confiar en su palabra[18]. El nuevo papa respondió, lleno de arrogancia:

---

[10] When they were going to start

[11] Bishop

[12] With me

[13] Pope

[14] Cardinal

[15] Any person

[16] For sure

[17] Added

[18] Trust his word

© Dan Berges & Vanessa Montilla, 2017

—Éste es tu problema. Yo no te debo ningún favor. Todos sabemos que eres un mago, y la magia es ilegal. No voy a hacerte ningún favor, y si sigues pidiendo[19], te voy a llevar a la prisión por herejía[20].

Don Illán, muy triste, dijo adiós al papa. El papa ni siquiera[21] le dio comida para el viaje. Don Illán dijo:

—Entonces voy a tener que comer los pollos que mi esposa preparó esta tarde para cocinar esta noche.

Cuando el mago dijo esto, de repente[22] estaban en Toledo, y el papa era solamente un cura. El cura estaba muy avergonzado[23], y no supo qué decir para pedir perdón. Don Illán le dijo que no podía confiar[24] en él, y que podía irse de su casa. Le dijo:

—Yo fui amable contigo y tú no tuviste gratitud hacia[25] mí. Voy a comer los pollos yo solo con mi esposa. Adiós.

A veces cuando una persona se hace muy importante, olvida sus promesas a las personas que fueron amables con él (o con ella) en el pasado.

De *El Conde Lucanor* (1330-1335), Don Juan Manuel

---

[19] If you keep asking

[20] Heresy

[21] Not even

[22] Suddenly

[23] Embarrassed

[24] To trust

[25] Towards

© Dan Berges & Vanessa Montilla, 2017

EL FLAUTISTA DE HAMELIN

En la ciudad de Hamelin, en Alemania[26], las casas eran grises y los habitantes eran honestos. Era una ciudad muy rica, pero tenían un problema muy grande: en Hamelin había muchísimas ratas. Los gatos no podían enfrentarse[27] a tantas. Las ratas se multiplicaban constantemente. Los ciudadanos estaban aterrorizados, y el alcalde[28] decidió que necesitaban un plan para enfrentarse al problema.

Un día, un hombre muy alto y muy delgado llegó a la ciudad. Llevaba ropa de muchos colores, una pluma[29] marrón en su sombrero, y una flauta[30].

—Por mil florines, yo puedo llevarme a las ratas de Hamelin —dijo el hombre.

—¡Mil florines! —dijo el alcalde—. Te vamos a dar diez mil florines si[31] te llevas a las ratas.

—Hecho[32]. Mañana por la noche no van a tener más ratas en Hamelin.

Al día siguiente la flauta del forastero[33] sonó en toda la ciudad. Cuando oían la música, las ratas misteriosamente salían de las casas y de las alcantarillas[34]. El flautista caminó hacia[35] el río, y las ratas lo siguieron[36]. Cuando éstas llegaban al río, la corriente[37] se las llevaba y morían.

Por la noche no había más ratas en Hamelin. El flautista fue al ayuntamiento[38] a pedir su dinero. Pidió los diez mil florines que el alcalde prometió.

—¿Diez mil florines? —dijeron el alcalde y sus consejeros—. ¡Nunca!

—¡Mil florines, como mínimo! —dijo el flautista, muy enojado.

---

[26] Germany

[27] To confront

[28] Mayor

[29] Feather

[30] Flute

[31] If

[32] Done

[33] Outsider

[34] Sewers

[35] Towards

[36] Followed him

[37] Current

[38] Townhall

© Dan Berges & Vanessa Montilla, 2017

—Las ratas están muertas y no van a volver. Te vamos a dar veinte florines, como máximo, y puedes estar feliz. Solamente eres un simple flautista.

Los ojos del hombre estaban rojos. No dijo nada más, y se fue del ayuntamiento. El alcalde y sus consejeros reían[39] con arrogancia.

Por la noche la flauta del forastero sonó otra vez, pero ahora solamente los niños podían oírla. Todos los niños de Hamelin salieron de sus casas y siguieron al flautista. Salieron de la ciudad, y fueron hacia las montañas. Los niños nunca regresaron[40] a Hamelin, y nunca nadie supo dónde fueron.

Tradicional

---

[39] Laughed (en imperfecto)

[40] Came back

© Dan Berges & Vanessa Montilla, 2017

LOS PASTELES Y EL DIENTE

Un campesino[41] quería ver al rey[42]. Pensaba que el rey era un hombre muy importante, porque era el rey. Pidió su salario final a su señor[43] y se fue a la ciudad.

Durante el camino a la ciudad gastó todo su dinero. Cuando llegó y conoció al rey vio que éste era un hombre normal, igual que él. Pensó: «Por un simple hombre gasté todo mi dinero, y ahora solamente tengo un real[44]».

Al campesino le dolía[45] un diente. También tenía hambre, pero pensaba que no era una buena idea comprar comida, porque le dolía un diente.

Llegó a una pastelería[46]. Los pasteles[47] parecían[48] deliciosos. Dos hombres arrogantes pasaron por ahí y le preguntaron:

—Campesino, ¿cuantos pasteles puedes comerte[49]?

Él respondió:

—Tengo tanta hambre que puedo comerme quinientos pasteles.

Ellos dijeron:

—¡Quinientos! ¡Eso no es posible!

El campesino respondió:

—¿Piensan que son muchos? Podemos apostar[50] que puedo comerme mil pasteles.

Ellos dijeron:

—¿Qúe apostamos?

Y el campesino respondió:

---

[41] Peasant

[42] King

[43] Lord

[44] *Real* is an old coin used in Spain during the middle ages.

[45] To hurt. It is used like *gustar:* We say *me duele un diente.*

[46] Pastry shop/bakery

[47] Cakes/pies

[48] Seemed

[49] Reflexive form of *comer.* It is very common. The meaning is the same.

[50] To bet

© Dan Berges & Vanessa Montilla, 2017

—Si[51] no puedo comer mil pasteles, pueden sacarme[52] —señaló[53] el diente que le dolía— este diente.

Estuvieron de acuerdo[54]. El campesino comió muchos pasteles, pero definitivamente menos de mil. Probablemente menos de cien. Cuando estaba lleno[55] dijo:

—Señores, perdí la apuesta[56].

Los hombres arrogantes llamaron a un barbero. Éste le sacó el diente al campesino. Dijeron:

—Este campesino es muy tonto[57]. Solamente porque podía comer muchos pasteles dejó[58] a un barbero sacarle un diente.

El campesino respondió:

—Ustedes son más tontos que yo. Ahora no tengo más hambre y no tengo el diente que me dolía.

Todas las personas rieron[59]. Los hombres arrogantes, humillados, pagaron los pasteles y se fueron.

De *Sobremesa y alivio de caminantes* (1563), Juan de Timoneda

---

[51] If

[52] Pull out from me

[53] He pointed at

[54] They agreed. Literally: They were in agreement.

[55] Full

[56] The bet

[57] Dumb

[58] Let

[59] Laughed

© Dan Berges & Vanessa Montilla, 2017

LA ALMOHADA DE PLUMAS[60]

Tuvieron una luna de miel[61] muy fría. Ella era tímida y rubia, y su esposo, Jordán, tenía un carácter muy distante. No hablaba mucho, y aunque[62] no lo decía, la amaba profundamente[63].

Se casaron[64] en abril, y durante tres meses fueron muy felices. Vivían en una casa muy blanca, con columnas de mármol[65]. La frialdad[66] de la casa influenciaba su relación.

Alicia pasó en esta casa todo el otoño. Cuando su esposo no estaba en la casa, ella evitaba[67] pensar. Estaba muy delgada. Tuvo una influenza que duró[68] días y días. Finalmente pudo salir[69] al patio un día con su esposo. Miraba indiferente al horizonte. Jordán la abrazó[70] y ella empezó a llorar. Poco a poco ella se quedó en silencio[71].

Después de este día Alicia nunca más se levantó de la cama. Al día siguiente se despertó muy pálida[72]. El doctor la examinó atentamente, y le ordenó mucho descanso[73].

—No sé —dijo el doctor a Jordán en la puerta—, no tengo una explicación. Está muy débil, pero no tiene vómitos u otros síntomas. Mañana voy a examinarla otra vez.

Al día siguiente Alicia estaba peor. Hubo un examen médico. El doctor concluyó que Alicia tenía una anemia inexplicable. Todos pensaban que ella se iba a morir[74]. En el cuarto la luz estaba encendida[75] y había silencio absoluto. Alicia dormía. Jordán prácticamente[76] vivía en

---

[60] The feather pillow

[61] Honeymoon

[62] Even though

[63] Deeply

[64] They got married

[65] Marble

[66] Coldness

[67] Avoided (en imperfecto)

[68] Lasted

[69] To go out

[70] Hugged her

[71] Remained silent

[72] Pale

[73] Lit. "Ordered her a lot of rest"

[74] Was going to die

[75] The light was on

[76] Virtually

© Dan Berges & Vanessa Montilla, 2017

la sala, también siempre con la luz encendida. Caminaba en la sala todo el tiempo. Estaba muy nervioso. A veces entraba en el cuarto y miraba a su esposa silenciosamente.

Alicia empezó a tener alucinaciones muy extrañas y confusas. La mujer miraba fijamente[77] la alfombra[78] del cuarto. Una noche miró la alfombra y, de repente[79], gritó[80]:

—¡Jordán! ¡Jordán!

Tenía mucho miedo. Jordán corrió al cuarto, y Alicia gritó otra vez.

—¡Soy yo, Alicia, soy yo!

Alicia lo miró confusa, miró la alfombra, lo miró otra vez, y finalmente se calmó[81]. Sonrió[82] y lo abrazó.

Un día vio un antropoide[83] en la alfombra que la miraba fijamente.

Los doctores volvieron muchas veces, pero no encontraron explicación[84]. Cada día veían cómo la mujer se iba, y ellos no sabían qué hacer. En la última visita[85] Alicia estaba prácticamente muerta[86]. Fueron a la sala.

—Pst —dijo el doctor, desalentado[87]—. Es un caso serio. No puedo hacer mucho.

Alicia estaba más y más débil. Durante el día no estaba tan mal, pero durante la noche empeoraba[88]. Cada mañana se despertaba pálida y enferma. Sentía[89] que tenía un millón de kilos sobre[90] ella. Sus terrores fueron peores y peores. Ahora había monstruos que subían a su cama.

Los dos últimos días estaba muy mal. Las luces continuaban fúnebremente encendidas[91] en el cuarto y en la sala. Solamente había silencio. En la sala sonaban los pasos eternos de Jordán.

---

[77] Steadily. *Mirar fijamente = to stare*

[78] Carpet

[79] Suddenly

[80] Screamed

[81] Calmed down (reflexivo)

[82] Smiled

[83] Anthropoid, something with the shape of a human being

[84] They didn't find an explanation

[85] The last visit

[86] Virtually dead

[87] Discouraged

[88] Got worse (en imperfecto)

[89] She felt (en imperfecto)

[90] On top of

[91] Mournfully lit

Alicia finalmente murió. La sirvienta[92], que entró a limpiar unas horas más tarde, miró la almohada[93] por un largo tiempo.

—¡Señor! —llamó a Jordán—. En el cuarto hay manchas[94] de sangre[95].

Jordán fue al cuarto rápidamente. Efectivamente, en la almohada había dos manchitas oscuras[96].

—Parecen picaduras[97] —dijo la sirvienta.

—¿Puede levantar[98] la almohada y ponerla en la luz[99]? —le dijo Jordán.

La sirvienta intentó[100] levantarla, pero no pudo. Sin saber por qué, Jordán tuvo un escalofrío[101].

—¿Qué hay? —preguntó.

—Es muy pesada[102] —dijo la sirvienta, temblando[103].

Jordán la levantó. Era extraordinariamente pesada. Salieron a la sala y pusieron la almohada en una mesa. Jordán la cortó[104] con un cuchillo. Las plumas[105] volaron, y la sirvienta gritó con horror. En la almohada había un animal monstruoso y repugnante, una bola[106] viscosa y abominable. Estaba tan hinchado[107] que era difícil verle la boca.

Cada noche, desde que la mujer estuvo en la cama por la influenza, el animal aplicó sigilosamente[108] su boca al cuello de ella. En unos día se bebió[109] toda la sangre de Alicia.

---

[92] The maid

[93] The pillow

[94] Stains

[95] Blood

[96] Dark

[97] They seem bites

[98] To lift

[99] Light

[100] Tried

[101] Shivered

[102] Heavy

[103] Trembling

[104] Cut

[105] Feathers

[106] Ball

[107] Swollen

[108] Stealthily applied

[109] Reflexive version of *beber*. Very common. The meaning is the same.

© Dan Berges & Vanessa Montilla, 2017

Estos animales, parásitos de las aves[110], son pequeños en el medio habitual[111], pero a veces, en condiciones favorables, pueden hacerse[112] muy grandes. La sangre humana les gusta especialmente, y no es extraño encontrarlos en las almohadas de plumas.

De *Cuentos de amor, de locura y de muerte* (1917), Horacio Quiroga

---

[110] Birds

[111] Environment

[112] To become

© Dan Berges & Vanessa Montilla, 2017

WORKBOOK

1. Completar, usando presente

1. Yo siempre _____ (caminar) en el parque los sábados.

2. Cada día ella _____ (cocinar) en su apartamento.

3. Mi tío _____ (ser) de San Francisco.

4. ¿Dónde _____ (estar) María?

5. Nosotros _____ (tener) dos perros y un gato.

6. Ustedes no _____ (hacer) nada los martes por la noche.

7. Cada mañana, tú _____ (desayunar) en la cafetería.

8. Ella siempre _____ (levantarse) a las 8 de la mañana.

9. Yo nunca _____ (acostarse) temprano.

10. A veces yo _____ (maquillarse) cuando voy al trabajo.

2. Traducir. Puedes usar un diccionario.

1. I always go to the gym on Monday nights.

2. What do you do on Sunday mornings?

3. I play guitar and I sing.

4. I can dance very well.

5. Do you want to call Mary?

6. I always visit Phillip in Chicago.

7. My friend Sue is from Los Angeles.

8. Sometimes she walks in the park.

3. Completar, usando pretérito perfecto

1. Ayer ella _____ (ir) al parque.

2. El martes pasado, nosotros _____ (visitar) a mi hermano en Springfield.

3. El jueves pasado, usted _____ (comer) en un restaurante en el centro.

4. ¿Dónde _____ (desayunar) ustedes esta mañana?

5. Nosotros _____ (estar) allí el fin de semana pasado.

6. Ella no _____ (poder) ir a la cena del sábado.

7. Ayer por la noche, Javier _____ (llegar) a la ciudad.

8. Usted _____ (acostarse) muy tarde.

9. Yo _____ (levantarse) temprano el domingo.

10. Ella _____ (lavarse) la cara ayer por la noche.

4. Traducir. Puedes usar un diccionario.

1. Last Friday, I sent that letter.

2. What did you do last Tuesday?

3. She went to that dinner in Brooklyn last night.

4. On May 22nd, I finished the book.

5. I worked last Sunday.

6. We lived in that house from 2005 to 2008.

7. You had a test last Friday.

8. I met John on Tuesday.

© Dan Berges & Vanessa Montilla, 2017

5. Completar, usando presente progresivo (*estar + -ando/-iendo*)

1. Ahora yo _____ (comer) un helado de fresa.

2. Usted _____ (hablar) con ella.

3. Nosotros _____ (descansar) en el hotel.

4. ¿Qué _____ (hacer) ustedes?

5. Tú no _____ (comprender) el problema.

6. Ella _____ (abrir) la puerta del baño.

7. Javier y Maya _____ (llegar) ahora.

8. Usted _____ (cantar).

9. _____ (llover) hoy.

10. ¿Qué _____ (hacer) yo?

6. Traducir. Puedes usar un diccionario.

1. I am studying.

2. Are you watching that show?

3. She is dancing with him.

4. You (formal, singular) are not working.

5. We are calling Sarah.

6. She is watching TV.

7. My sister is working in Dallas.

8. They are cooking in Peter's kitchen.

7. Completar, usando pretérito imperfecto

1. Antes, yo siempre _____ (ir) al gimnasio los sábados.

2. Cuando ella _____ (vivir) en Omaha, ella no _____ (trabajar).

3. Nosotros siempre _____ (descansar) en casa de Alberto.

4. ¿Dónde _____ (estudiar) ellas?

5. Ustedes no _____ (comprender) el problema.

6. Ella siempre _____ (olvidar) todo.

7. Nosotros _____ (tener) un perro en Orlando.

8. Usted no _____ (poder) ir.

9. En Seattle siempre _____ (llover) mucho.

10. ¿Qué _____ (hacer) usted los lunes?

8. Traducir. Puedes usar un diccionario.

1. In Madrid, I always used to eat at a restaurant in my neighborhood.

2. I used to go to the gym on Monday nights.

3. When I was living in Barcelona, I didn't have a car.

4. She used to walk in the park on Sundays.

5. I used to be stronger.

6. At the party, people were dancing and Mary was talking to Joe.

7. When I was 5, I used to play with my friends a lot.

8. When we were young, we used to live in California.

© Dan Berges & Vanessa Montilla, 2017

9. Traducir. (Mixed tenses)

1. I always go to the movie theater on Friday nights.

2. Last night, I cooked dinner in my apartment.

3. She went to Albuquerque last week.

4. We are watching TV.

5. They are going to visit Mary on Sunday.

6. When I was living in Spain, I would always eat dinner at my neighbor's apartment.

7. They used to be very nice.

8. She lives in Brooklyn with James.

9. They are studying at the library.

10. What are you doing now?

11. They will not understand this.

12. Mary and I went to the supermarket on Tuesday.

13. She feels tired.

14. They lost a lot of money in Vegas.

15. You (formal, plural) used to go there all the time.

16. When did you call Harry?

1. Objeto directo (de cosa). Completar.

1. Bebí una limonada. _____ bebí.

2. Compré un carro. _____ compré.

3. Limpié mi apartamento. _____ limpié.

4. Lavo mi ropa. _____ lavo.

5. Leo un libro. _____ leo.

6. Voy a enviar una carta mañana. _____ voy a enviar. Voy a enviar_____.

7. No tengo las manzanas. No _____ tengo.

8. Siempre llevaba los zapatos rojos. Siempre _____ llevaba.

9. Javier cantó una canción. Javier _____ cantó.

10. Mario escribió y publicó un artículo. Mario _____ escribió y _____ publicó.

11. ¿Quieres comprar este vestido? ¿_____ quieres comprar? ¿Quieres comprar_____?

12. Nosotros tenemos unas plantas. Nosotros _____ tenemos.

2. Objeto directo (de persona). Completar.

1. Juan llamó a Sara. Juan ___ llamó.

2. Alicia ama a su esposo Antonio. Alicia ___ ama.

3. ¿Dónde conociste a Pedro? ¿Dónde ___ conociste?

4. Andrés ayudó a Sergio. Andrés ___ ayudó.

5. ¿Llamaste a Maya y a Martha? ¿___ llamaste?

6. Paseé a mi perro Brinco. ___ paseé.

7. ¿Visitaste a tus padres el año pasado? ¿___ visitaste?

8. No conozco a María. No ___ conozco.

9. Ellos llamaron a Javier y a Francisco. Ellos ___ llamaron.

10. Miré a mi hermano. ___ miré.

11. Ella llamó a mis tías. ___ llamó.

12. Siempre ayudaban a Julia. Siempre ___ ayudaban.

13. ¿Quieres llamar a Peter? ¿___ quieres llamar? ¿Quieres llamar___?

14. ¿Puedes ayudar a Elizabeth y a Sandra? ¿___ puedes ayudar? ¿Puedes ayudar___?

15. Ustedes pueden visitar a Jorge. Ustedes ____ pueden visitar. Ustedes pueden visitar___.

16. Ángel conoció a Pedro en la fiesta. Ángel ___ conoció.

3. Traducir (objeto directo). Puedes usar un diccionario.

1. I buy a car. I buy it.

2. I did not have a house in Madrid. I had it in Barcelona.

3. I lost it (f) in Memphis.

4. I always used to find them (m) at the park.

5. You called me last night at 9.

6. Will you visit me in Chicago?

7. I will never forget her.

8. I met her at Alice's apartment.

9. Do you love us?

10. I visited him last Sunday.

11. They helped me last year. I will help them next year.

12. I bought them (m) and I ate them.

© Dan Berges & Vanessa Montilla, 2017

4. Traducir. Puedes usar un diccionario.

1. I taught him a lesson.

2. I gave (use *regalar*) her a book.

3. They asked me a question.

4. I showed them the apartment.

5. She told (use *contar*) me that.

6. Did we teach them the new concepts?

7. They explained the plan to me.

8. Sarah sold them a car.

9. Mary told (use *contar*) them everything.

10. I gave (*regalar*) her a ring for her birthday.

11. We explained the idea to them.

5. Explicar en español qué es un objeto directo y qué es un objeto indirecto. Usar ejemplos de verbos que no admiten objeto, verbos que admiten objeto directo, y verbos que admiten objeto directo y objeto indirecto.

6. Decir qué tipo de objetos hay en estas frases:

Hay tres posibilidades: A. No hay objeto. B. Hay objeto directo. C. Hay objeto directo y objeto indirecto.

1. Yo corro en el parque.

2. Tú me diste un libro en tu casa.

3. Sara nos llamó ayer a las 3 de la mañana.

4. Siempre canto una canción.

5. No lo tengo.

6. No sé.

7. No lo sé.

8. Siempre me dices la verdad.

9. Nunca nos duchamos por la noche.

10. A veces Juan nos regalaba caramelos (candy).

11. Caminé muy lentamente en la avenida.

© Dan Berges & Vanessa Montilla, 2017

7. Identificar con un círculo el objeto directo (OD) y el objeto indirecto (OI). Puedes usar un diccionario.

1. ¿Me llamaste ayer?

2. El martes te lo expliqué.

3. El matemático enseñó a la clase la nueva fórmula.

4. Apple mostró al público el nuevo teléfono inteligente.

5. Ella me miraba fijamente.

6. Nosotros lo teníamos muy fácil.

7. El artista nunca le dedicaba las canciones.

8. El compositor Max P me compuso una *cavatina* para mi debut en la ópera.

9. ¿Te rompiste una pierna en la montaña?

10. Perdimos a nuestro compañero en la expedición en la Antártida.

11. Nunca me lo explicaste.

8. Traducir (objeto indirecto [persona] + objeto directo [cosa]).

Use a dictionary if you need to.

1. You taught me the lesson. You taught it to me.

2. You did not tell them the secret. Did you tell it to us? (Use *contar*)

3. I sold her a rose. I did not give it to her. (Use *dar*)

4. I will buy you a house in South Carolina.

5. On Mondays you tell me this, on Tuesdays you tell me that. (Use *decir*)

6. Can you tell it to me? (Use *decir*)

7. I am sending this package to Sarah. I am sending it to her.

8. I will give it to you. (Use *dar*)

9. Can you give it to me? (Use *dar*)

10. I promised (prometer) you a car. Do you want it?

11. I asked her a question.

9. Completar

1. You called him. Tú _____ llamaste.

2. I visited her. Yo _____ visité.

3. They sent us the flowers. Ellos _____ enviaron las flores. Ellos _____ _____ enviaron.

4. I gave it (m) to you. Yo _____ _____ di.

5. You read me the instructions. Tú _____ leíste las instrucciones. Tú _____ _____ leíste.

6. We sold her the piano. Nosotros _____ vendimos el piano. Nosotros _____ _____ vendimos.

7. They never told us the story. Ellos nunca _____ contaron la historia.

8. Did you call me? ¿ _____ llamaste?

9. María called you and left you a message. María _____ llamó y _____ dejó un mensaje.

10. María called her and left her a message. María _____ llamó y _____ dejó un mensaje.

11. They visited us last Friday. Ellos _____ visitaron el viernes pasado.

12. Can you give it to me? ¿ _____ _____ puedes dar? ¿Puedes dár_____ ?

10. Escribir 5 frases con objeto directo y 5 frases con objeto directo e indirecto. Escribirlas con y sin pronombres.

Ejemplo:

Yo tengo una manzana. Yo la tengo.

Yo doy un regalo a María. Yo le doy un regalo. Yo se lo doy.

11. Comentario de texto No. 1: El cura de Santiago y don Illán, el mago de Toledo. Leer la historia en la página 49 y responder estas preguntas:

1. ¿Dónde vivía el cura?

2. ¿Cuál era la idea del cura?

3. ¿Cómo se llamaba el mago?

4. ¿Cómo se hizo el cura arzobispo?

5. ¿Podían aprender magia en la sala de la casa, o necesitaban un lugar especial?

6. ¿La historia termina bien o mal?

7. ¿Qué piensas de la moraleja (moral) de la historia?

1. Traducir, usando el tiempo futuro. Puedes usar un diccionario.

1. I will go to the supermarket on Friday.

2. Next year, I will tell them the story.

3. On Saturday, I'm going to visit Mary in China.

4. I will be famous one day.

5. I'll make a paella on Sunday at 2 PM.

6. I'm going to the theatre tomorrow night.

7. She will not be here at 7.

8. Will they be at the park tomorrow?

9. I don't know if I'll need to see this.

10. Do you think you will have to go?

11. I will not arrive on time (a tiempo) tonight.

12. Will they call me?

13. I'll tell you the plan tomorrow. I'll finally tell it to you.

© Dan Berges & Vanessa Montilla, 2017

2. This is based on a classic tale. You have a bottle of milk and you are going to the state fair. Tell us how you are going to sell the bottle, buy more milk, start a milk business, buy a farm, buy more animals, use the profits to invest in bonds… anything you can imagine. The idea is that you use the future tense to explain how, from having this bottle of milk right now, you are going to become rich. Use short sentences.

3. Rewrite the sentences using the pure future tense.

El próximo fin de semana:

1. Yo voy a ir al mercado.

2. Elena va a mirar una película con sus amigos.

3. Tú vas a tener mucha suerte.

4. Yo voy a comprar un coche.

5. Tú vas a ir a visitarla.

6. No vamos a tocar el piano.

7. Nosotros vamos a escribir muchos emails.

8. No vamos a tener tiempo para cocinar.

9. Yo voy a caminar en el parque con mi perro.

10. Yo voy a estudiar mucho español, especialmente los pronombres.

11. Ellos van a bailar salsa en el club.

4. Responder

1. ¿Cuántas horas necesitas para ir desde NYC hasta México DF en un carro?

2. ¿Cuál es la versión correcta? A: *Como al restaurante.* B: *Como en el restaurante.* C: Las dos (both) son correctas.

3. ¿Te gusta usar palillos para comer sushi, o prefieres usar un tenedor?

4. ¿A veces llegas tarde a tu trabajo?

5. ¿Tu casa está cerca o lejos de tu escuela de español?

6. ¿De qué hora a qué hora trabajas cada día?

7. ¿Dónde estás ahora?

8. ¿Ya tomaste más de tres cafés hoy?

9. ¿Qué haces cada día antes de desayunar? ¿Qué haces después?

10. ¿Qué estás haciendo ahora mismo?

© Dan Berges & Vanessa Montilla, 2017

5. Comentario de texto No. 2: El flautista de Hamelin.
Leer la historia en la página 52 y responder estas preguntas:

1. ¿Dónde estaba Hamelin?

2. ¿Cuál era el problema principal en Hamelin?

3. ¿Fue correcta la reacción del alcalde?

4. ¿Fue correcta la reacción del flautista?

5. ¿Cómo era físicamente el flautista?

6. ¿La historia termina bien o mal?

7. ¿Qué piensas de la moraleja de la historia?

6. Repaso de pronombres de OD

A. Con cosas. Completar.

1. Compraré un libro. _____ compraré.

2. Estudiarás los verbos regulares. _____ estudiarás.

3. Leeré el periódico el domingo por la mañana. _____ leeré.

4. Cantaremos una canción. _____ cantaremos.

5. Juan abrirá la puerta. Juan _____ abrirá.

B. Con personas. Completar.

1. Llamaré a Jane. _____ llamaré.

2. Ustedes visitarán a Martín y a Damián. Ustedes _____ visitarán.

3. ¿Amarás a Silvia siempre? ¿_____ amarás siempre?

4. Esta noche (tonight) pasearé a mi perro Paco. Esta noche _____ pasearé.

5. Mañana ayudaré a Javier con su mudanza (move). Mañana _____ ayudaré.

6. ¿Dónde conociste a tu novia? ¿Dónde _____ conociste?

7. Repaso de pronombres de OI y pronombres dobles.

1. Daré un libro a Juan. ____ daré un libro. ___ ___ daré.

2. Enviaremos una carta a Elena. ____ enviaremos una carta. ___ ___ enviaremos.

3. Ellos me contarán una historia. Ellos ___ ___ contarán.

4. Te mostraré las fotos mañana. ___ ___ mostraré.

5. Laura nos enviará un mensaje de texto. Laura ___ ___ enviará.

6. Esta noche, el presidente explicará sus razones a los congresistas. El presidente ____ explicará sus razones. El presidente ___ ___ explicará.

7. Sara le dará las llaves a María. Sara ___ ___ dará.

8. ¿Cuándo me dirás esto? ¿Cuándo ___ ___ dirás?

9. Nos dará el cheque hoy. ___ ___ dará.

10. Le enviarán a usted la carta mañana por la mañana. ___ ___ enviarán mañana por la mañana.

11. Te explicaré todo. ___ ___ explicaré.

1. Traducir. Puedes usar un diccionario.

1. I have been dancing for two hours.

2. You have already told me this.

3. I have been studying Spanish for more than (más de) two months.

4. They have gone very far this time.

5. Do they know they have lost the game?

6. He has never been to Spain. (Use preposition *en*)

7. She has written three books.

8. I have already completed the series at the gym.

9. Alicia has done many good things.

10. I have lived with many different people.

11. I have always wanted to go to Paris.

12. When you told me, I had already cancelled the appointment.

© Dan Berges & Vanessa Montilla, 2017

2. Yo nunca he (I've never). En tu caso, ¿es verdad o es mentira?

1. Yo nunca he tomado un avión.

2. Yo nunca he dormido en la playa.

3. Yo nunca he llegado más de una hora tarde a una reunión importante.

4. Yo nunca me he duchado tres veces en un día.

5. Yo nunca me he mareado en un barco.

6. Yo nunca he conocido a una persona famosa.

7. Yo nunca he mentido a mis amigos.

8. Yo nunca he pagado tarde mi alquiler.

9. Yo nunca he olvidado llamar a mi hermano/hermana en su cumpleaños.

10. Yo nunca me he perdido en Manhattan.

11. Yo nunca he tomado un taxi porque no quería caminar.

12. Yo nunca he comido un Big Mac.

13. Yo nunca he estado en Europa.

© Dan Berges & Vanessa Montilla, 2017

3. Escribir cinco oraciones en pretérito perfecto compuesto (*yo he, tú has, él ha, etc.* + participio)

4. Escribir cinco oraciones en pretérito pluscuamperfecto (*yo había, tú habías, él había, etc.* + participio). Puedes usar el adverbio *ya* (already) en algunas.

© Dan Berges & Vanessa Montilla, 2017

5. Completar. Be careful. When the participle is being used as an adjective, it must match the noun in gender and number.

1. ¿Dejaste la puerta de nuestra casa _____ (abrir)?

2. Nunca me habías _____ (decir) esto.

3. Yo he _____ (escribir) dos novelas y un cuento.

4. Nunca me he _____ (romper) un hueso (a bone).

5. ¿Has _____ (ver) la película Casablanca?

6. ¡Nosotros no hemos _____ (hacer) nada!

7. La ventana está _____ (romper).

8. Esa planta está _____ (morir).

9. Sara ya había _____ (escribir) el mensaje a esa hora.

6. Conjugar *volver* en pretérito perfecto compuesto (*yo he vuelto*) y en pretérito pluscuamperfecto (*yo había vuelto*).

7. Comentario de texto No. 3: Los pasteles y el diente.
Leer la historia en la página 54 y responder estas preguntas:

1. ¿Qué idea tenía el campesino sobre el rey?

2. ¿Cómo era el rey en realidad?

3. ¿Qué tres problemas tenía el campesino?

4. ¿Cómo fue la apuesta entre los hombres arrogantes y el campesino?

5. ¿Quién ganó la apuesta?

6. ¿La historia termina bien o mal?

7. ¿Qué piensas de la moraleja de la historia?

© Dan Berges & Vanessa Montilla, 2017

8. Repaso de pronombres de OD. Traducir. Debemos recordar no romper el núcleo verbal (no poner nada entre *haber* y el participio).

1. I have visited him many times.

2. I have never bought that book. I have never bought it.

3. Have you met my sister Mary? Have you met her?

4. I have read them (m).

5. I have never drunk more than (más de) three liters of water in one day. I have never drunk them.

6. She has not called him yet.

7. We have never worn it (f).

8. They have always loved them (f).

9. I had already sold my car. I had already sold it.

10. They had broken the window. They had broken it.

11. Have you called her?

12. We've been helping her.

9. Repaso de pronombres de OI + OD. Completar.

1. Yo he explicado el problema a Mary. Yo ___ he explicado el problema. Yo ___ ___ he explicado.

2. Nunca te he dicho esto. Nunca ___ ___ he dicho.

3. ¿Me has contado la historia? ¿___ ___ has contado?

4. Sara ha regalado una flor a María. Sara ___ ha regalado una flor. Sara ___ ___ ha regalado.

5. Nunca me has mostrado tu casa. Nunca ___ ___ has mostrado.

6. Ya te había enviado la carta. Ya ___ ___ había enviado.

7. Nunca me habías dado un regalo antes. Nunca ___ ___ habías dado.

8. Javier ha hecho una pregunta a Nancy. Javier ___ ha hecho una pregunta. Javier ___ ___ ha hecho.

10. Traducir

1. I have been telling you stories. I've been telling them to you.

2. I have been explaining the idea to her. I have been explaining it to her.

3. She has been showing her the new apartment. She's been showing it to her.

4. They have been giving her excuses all the time. They have been giving them to her.

5. I have been teaching the kids English all this time. I have been teaching them English.

1. Traducir

1. I always ask my sister for favors.

2. Did you ask him that question that we had?

3. You must not ask the elm (el olmo) for pears. (Use personal *a*)

4. Do you know [that] my sister asked my cousin for his car?

5. When I read Plato (Platón) I asked my teacher about Aristotle (Aristóteles).

6. Did you ask Google? (Use personal *a*)

7. My little brother always asks me for advice (consejo).

8. She asked you: "Where is the bathroom in this large house?"

9. I asked the trees, but they only answered (responder) with silence (silencio). (Use personal *a*)

2. En las traducciones al español anteriores, identificar con un círculo el objeto indirecto.

Nota: cuando usamos *preguntar* con la preposición *sobre,* técnicamente estamos usando el verbo con objeto indirecto (*a Juan, a su primo*, etc.) pero **sin** objeto directo (todo lo que va después de *sobre* se denomina *complemento preposicional,* y no se puede considerar objeto). El verbo *preguntar* es un verbo muy especial que nos permite hacer esto. Como sabemos, en general, cuando un verbo admite objeto indirecto ("a una persona") necesita también objeto directo ("una cosa").

3. Tienes que hacer una entrevista a una persona famosa que tú admiras mucho para la revista Rolling Stone. ¿Qué le preguntas?

1. -
2. -
3. -
4. -
5. -

4. Encuentras una lámpara mágica en el desierto con un genio (a jinn). Puedes pedir cinco deseos (wishes). ¿Qué le pides?

1. -
2. -
3. -
4. -
5. -

5. Seleccionar la opción correcta

1. Yo te quiero preguntar/pedir un favor.

2. ¿Te envié los documentos que me preguntaste/pediste?

3. Cuando me preguntas/pides sobre mi amiga, me pongo nervioso.

4. Juan preguntó/pidió pizza en el restaurante Pakistaní.

5. El filósofo siempre nos preguntaba/pedía cuestiones trascendentales.

6. Escribir 3 oraciones con pedir y 3 con preguntar.

7. Comentario de texto No. 4: La almohada de plumas.
Leer la historia en la página 56 y responder estas preguntas:

1. ¿Cómo eran Alicia y Jordán?

2. ¿Pudo el doctor ayudar a Alicia?

3. ¿Qué terrible alucinación tuvo Alicia un día?

4. ¿Había luz en la casa?

5. ¿Qué comía el animal de la almohada?

6. ¿La historia termina bien o mal?

7. ¿Qué piensas de la moraleja de la historia?

8. Repaso de pronombres de OD

A. Con cosas. Completar.

1. Lavo las sábanas (the sheets). ___ lavo.

2. Miguel tenía muchos gatos. Miguel ___ tenía.

3. Haré la tarea esta noche. ___ haré esta noche.

4. Nunca he comprado una casa. Nunca ___ he comprado.

5. Ella ya había hecho la tarea. Ella ya ___ había hecho.

B. Con personas. Completar.

1. Silvia ama a su gato Chip. Silvia ___ ama.

2. Antes, yo llamaba a mi tío y a mi tía cada día. Yo ___ llamaba cada día.

3. Ayer por la noche María conoció a Juan. Ayer, María ___ conoció.

4. Mañana ayudaré a Luis con el proyecto. Mañana ___ ayudaré.

5. La semana pasada visité a mis hermanas en Buffalo. La semana pasada ___ visité.

6. ¿Conoces a Michael? ¿___ conoces?

9. Repaso de pronombres de OI y pronombres dobles.

1. Envié una postal a Tomás. ___ envié una postal. ___ ___ envié.

2. Pedimos un favor a Miguel. ___ pedimos un favor. ___ ___ pedimos.

3. Preguntamos a Javier sobre el asunto. ___ preguntamos sobre el asunto.

4. Mañana le daré las llaves de su nuevo apartamento. Mañana ___ ___ daré.

5. Ismael nos explicará el procedimiento. Ismael ___ ___ explicará.

6. Bruno nunca me ha pedido un favor. Bruno nunca ___ ___ ha pedido.

7. Esteban dio una excusa a su entrenador personal. Esteban ___ dio una excusa. Esteban ___ ___ dio.

8. ¿Cuándo me vas a enviar el formulario? ¿Cuándo ___ ___ vas a enviar? ¿Cuándo vas a enviár___ ___?

9. Nos enseñará su programa esta noche. ___ ___ enseñará.

10. Juan regaló un libro a su compañero de cuarto. Juan ___ regaló un libro. Juan ___ ___ regaló.

11. Alberto contó la historia a Jaime. Alberto ___ contó la historia. Alberto ___ ___ contó.

PROYECTO FINAL

Escribir un cuento. Puede ser de estilo clásico, divertido, gótico o contemporáneo.

© Dan Berges & Vanessa Montilla, 2017

THE COMPLETE GRAF METHOD FOR SPANISH LANGUAGE

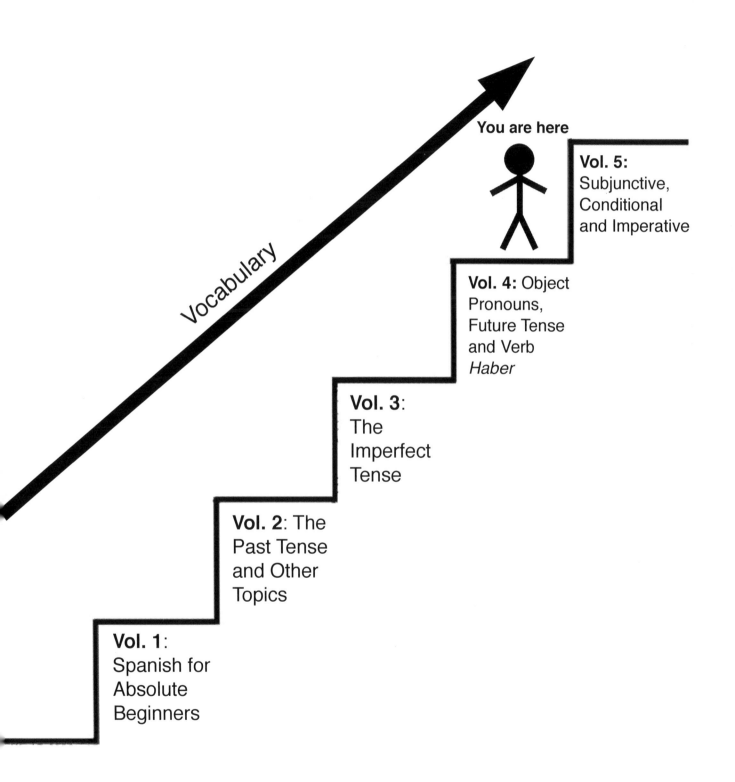

Made in the USA
Middletown, DE
30 December 2020

30431904R00062